나를 치유하는 부엌

고명한 지음

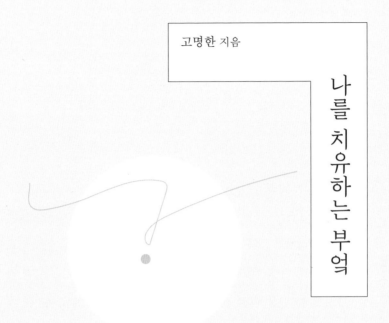

나를 치유하는 부엌

삶의 허기를 채우는
평범한 식탁 위 따뜻한 심리학

世利知
세이지

"잘 먹겠습니다."

살면서 가장 많이 하는 말 중 하나가 아닐까. 사람들과 함께 둘러앉아 밥을 먹을 때마다 하는 말이니 그 흔한 인사말보다도 우리 귀에 자주 들린다. 말이 트인 아이는 '엄마', '아빠'라는 단어를 가장 먼저 배우고 그다음으로 '안녕하세요'와 '잘 먹겠습니다'를 배운다. 어릴 때는 그저 밥을 먹기 전 으레 하는 형식적인 말로만 생각했던 이 한 문장에 너무나 많은 의미가 숨어 있다는 것을 오랜 세월이 지나서야 알게 됐다. 그 의미를 깨닫기 위해서는 그만큼의 이야기와 추억과 깨달음이 쌓여야 했기 때문이다.

어릴 적, 이른 아침 나를 깨운 건 부엌에서 새어 나오는 희미한 빛과 그 안에서 솔솔 풍기는 구수한 밥 냄새였다. 당시에는 취사 기능을 갖춘 전기밥솥도 흔하지 않아, 엄마는 매일 아침이면 솥에 밥을 안쳐 모락모락 김이 춤추는 하얀 밥을 지었다. 천주교 신자인 엄마는 갓 지은 고슬고슬한 밥에 주걱으로 십자를 그으며 가족의 건강과 안녕을 비는 기도를 했다. 그 모습은 내게 뭉클함을 넘어 무언가 성스러운 이미지로 각인되었다. 이렇게 정성을 다해 가족의 행복을 바라는 엄마의 마음이 담긴 밥을 그저 열량 공급원으로만 취급할 수 있을까. 밥 한 톨을 씹는 건 그 모든 순간을 꼭꼭 곱씹는 것이며, 밥 한 끼를 먹는 건 또 하나의 기억을 쌓아가는 행위다. 그렇게 음식에는 우리의 삶이 스며들어 있다.

나는 대학에서 여러 해 동안 음악 심리치료에 관한 강의를 진행했다. 강의 커리큘럼에서 다양한 심리학 이론은 가장 중요하게 다뤘던 부분이었다. 복잡하고 난해할 수 있는 이론들을 학생들이 좀 더 쉽게 이해할 방법을 찾다 보니, 자연스레 우리 삶에 밀접한 것들을 예로 들어 설명하게 되었다.

그중 가장 자주 등장한 소재가 바로 요리와 음식이었다. 조금은 추상적인 인본주의의 '독자적 개성', '고유함' 등의 개념을 설명할 때면 '너무나 흔하고 똑같아 보이는 두부라도 요리하는 사람의 손맛에 따라 완전히 다른 맛과 식감을 가진 고유한 음식이 되는 것처럼'이라 설명하기도 했다. 친근하고 흔한 음식에 빗대어 설명하면 학생들도 조금은 쉽고 재미있게 받아들였다. 이렇게 인간의 본질을 탐구하는 심리학이라는 학문과 인간

〔 05 〕

이 살아가는 데 가장 원초적으로 필요한 음식이 상당 부분 연결되어 있다는 것은 학생들을 가르치며 나 또한 새로이 깨달은 사실이었다.

우리가 먹는 음식은 수많은 이야기가 깃든 문학의 아름다운 소재가 되고, 인간을 탐구하는 학문을 설명하는 실마리가 되기도 한다. 매일 너무도 당연하게 먹는 세 번의 끼니에 그토록 원초적이고 생명력 넘치는 의미가 담겨 있다니 얼마나 멋진 일인가. 그 멋진 면모들과 내가 살면서 먹었던 음식들에 깃든 그리운 추억들, 더불어 철학적이고 심리학적인 해석들을 이 책에 담았다.

소중히 간직하다 가끔 혼자만 들추었던 기억을 소환하고, 즐거운 마음으로 학생들과 소통하며 수업했던 시간을 떠올릴 수 있어 책을 쓰는 내내 무척이나 즐거웠다. 하지만 즐거움이 있으면 필연적으로 괴로움도 함께 오는 것일까. 글을 한창 쓰던 작년 여름, 극심한 원형탈모와 결핵이 동시에 찾아와 오랜 시간 힘겨운 날들을 보내야 했다. 우울함과 무기력으로 한동안은 일상생활을 유지하는 것조차 힘들었고, 몸도 많이 쇠약해진 탓에 늘 기운 없이 처져 있었다. 어떤 때는 적막함이 너무 무서워 보지도 않는 TV를 켜놓은 채 멍하니 소파에 앉아 하루를 보내기도 했다.

그런 나를 다시 일으켜 세운 것은 가족이었다. 남편은 조금만 무리하면 힘들어하는 나를 대신해 몇 달간 바쁜 시간을 쪼개어 혼자 밑반찬을 만들고, 주말이면 맛있는 별식까지 해주었다. 아들 녀석은 깡마른 엄마가 살을 찌워야 한다며 밥을 잘 먹는지 살피고, 입맛이 없어 깨작거리고 있을 때면 잔소리를 하며 살뜰히 나를 챙겨주었다. 엄마는 딸 집에 올 때마다 입맛 닿는 재료들을 사와 곧바로 조리할 수 있도록 모든 재료를 깨끗하게 다듬고 씻어주었다.

늘 가족을 위해 밥상을 차려왔건만 이제는 반대로 가족으로부터 밥상을 받으면서 밥 한 끼가 가진 수많은 의미 가운데 가장 중요한 것을 깨달았다. 다름 아닌 사랑이다. 나를 위해 밥을 챙겨 먹고 가족, 친구와 마주 앉아 좋은 것을 나눠 먹는 지극히 평범한 일상이 다양한 이야깃거리가 되고 풍부한 해석을 낳을 수 있는 이유는 우리가 매일 그냥 밥이 아닌 사랑을 먹어왔기 때문이 아닐까. 결국 그 모든 것을 관통하는 하나의 단어는 사랑이었다.

소화를 제대로 시키지 못할 만큼 벅찬 사랑을 먹으며 지낸 덕분에 나는 여섯 달 만에 결핵으로부터 자유로워졌다. 그와 동시에 책 집필도 마치게 되었다. 어느 때보다 밥이 가진 묘약과 같은 힘을 실감했기에 글 속에 등장하는 음식 하나하나에 내 온 마음을 쏟아부을 수 있었다. 그 마음이 오롯이 전달되어 이 책을 읽는 독자들이 매일 먹는 끼니를 통해 풍부한 이야기를 만들고, 눈앞에 펼쳐진 삶이라는 멋진 한상차림을 가장 맛있게 음미하는 데 조금이나마 도움이 되기를 진심으로 바란다.

이제는 건강이 어느 정도 회복되어 매일 아침이면 다시 부지런히 부엌으로 향한다. 한동안 불 앞에 잠깐 서 있는 것조차 힘들어 엄두 내지 못했던 요리를 다시 시작하며 그동안 잊고 있었던 음식이 가진 치유의 힘을 다시금 느낀다. 이제는 치유라는 단어가 이전과는 사뭇 다르게 와닿는다. 하나씩 배워가며 요리 기술이 늘고, 알맞은 간을 찾아가며 즐거워했던 예전보다는 무언가 깊어진 느낌이다. 그리고 음식을 만드는 과정은 물론 부엌에서 사부작거리는 나의 모든 행위에 숨은 사랑이라는 의미로 인해 다시 치유받는다. 가족에 대한 사랑, 내 삶에 대한 사랑, 그리고 나 자신에 대한 사랑. 인생의 궁극적 목표인 '사랑과 행복'을 요리라는 행위로 매일 이루며 산다는 사실에 마음이 따뜻해지고 뭉클해진다.

매일 아침 해가 떠오르기 시작하면 아직 자고 있는 가족이 깰까 조용히 부엌으로 가 구수한 된장찌개를 준비해 불을 올리고, 단정한 찬기에 가족이 좋아하는 나물과 김치를 소담하게 담는다. 그리고 마지막으로 고슬고슬하게 지은 밥 위에 나의 엄마가 그랬던 것처럼 십자를 그으며 기도한다.

"이 밥을 먹는 우리 가족에게 건강과 행복이 언제나 함께하기를."

그리고 윤기 흐르는 밥과 예쁜 찬기에 담긴 반찬을 바라보며 힘차게 외친다.

"잘 먹겠습니다!"

잘 먹겠다는 것은 내게 주어진 삶을 '잘 살겠다'는 의미다. 그 의미를 다시금 새길 수 있게 해준 나의 동반자 남편, 든든한 아들, 그리고 힘든 시간 동안 늘 동생을 걱정하며 응원해주었던 오빠, 존경하는 엄마와 사무치게 그리운 나의 아버지께 감사드린다. 그리고 글을 쓰며 힘든 시간을 버틸 수 있게 해준 이한나 편집자에게도 감사의 마음을 전한다.

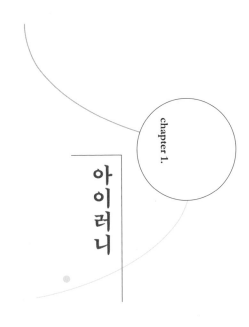

chapter 1.

아이러니

chapter 2.

패러독스

chapter 3.

딜
레
마

아이러니

Irony

장례식장 육개장 한 그릇

양가감정 　**兩價感情**　 **ambivalence**

삶을 즐겨라.
우리는 살기 위해 여기에 왔다.
―셰익스피어

핏빛처럼 진한 뻘건 국물에 결대로 찢은 고기를 푸짐하게 넣은 육개장을 끓이다 보면 도살된 가축이 육화되어 살아 움직이는 것처럼 느껴진다. 그 이유를 나도 정확히 설명하지는 못한다. 아마도 세상을 떠난 이의 문상을 가면 대접받는 가장 흔한 음식이 육개장이라서가 아닐까 싶다. 얼마 전까지 세상에 존재하다 이제는 영정사진으로만 덩그러니 남은 빈소. 그 옆에서 시끌벅적 떠들며 붉은색 고깃국에 밥을 말아 후루룩 넘기는 산 사람들. 벽을 사이에 두고 생과 사를 완벽하게 구분 짓는 음식. 그것이 육개장에 대한 나의 관념이었다.

　문상객이 되어 먹어본 육개장은 아이러니한 음식이었다. 빈소에는 검은색 상복을 입은 유족이 식욕을 잃고 밥 한 톨조차 목에 넘기기 어려울 만큼 망연자실한 표정으로 슬픔에 빠져 있다. 그런데 지척에 앉은 사람들은 삼삼오오 모여 시끌벅적한 분위기 속에서 술잔을 비우며 뜨끈한 육개장 한 그릇을 맛있게 비운다. 영정 속 망자는 차려낸 것을 먹고 싶어도 먹을 수 없는 영혼이 되어버린 그곳에서 생과 사는 더욱 극명하게 나뉜다. 울음소리와 웃음소리가 절묘하게 섞여 있는 그 모든 것들은 장례식장에서만 느낄 수 있는 묘한 풍경이었다.

　처음 친구의 아버지를 문상한 것은 대학을 졸업하던 해였다. 조부모 세대에서 맞이했던 죽음이 갑작스레 부모 세대로 한 발짝 가까이 다가와 있는 경험을 처음 한 셈이다. 그 이후부터 적어도 한 해에 한두 차례는 문상객의 신분으로 장례식장을 찾게 되었고, 그곳에서 차려주는 육개장을 별 생각 없이 먹곤 했다. 그때까지도 죽음은 나와는 아무런 상관 없는 이야기였다.

　몇 년이 흐른 어느 날, 나는 상복을 입은 상주가 되어 있었다. 내 나이 서른. 스물다섯에 처음 장례식장에 발을 들인 후 불과 다섯 해 만에 입장이 뒤바뀌어 아버지를 추억하러 발걸음

한 이들에게 육개장을 대접하게 되었다. 준비한 적 없는 아버지와의 이별, 상주라는 역할이 가져온 갑작스러운 혼란과 충격적인 상실감 앞에 나와 엄마는 식욕이라는 것을 잃은 상태였다. 외삼촌은 아무것도 먹지 못한 채 망연자실한 우리를 식당으로 데려가 억지로 육개장을 내밀었다. "산 사람은 살아야지"라며.

'산 사람은 살아야지.' 이 말에 적잖은 반감을 느꼈다. 죽는 순간 세상과의 모든 연결고리가 끊어지기라도 하는 듯 떠난 이의 삶을 가볍게 여기는 말 같아 비정하고 가혹하게 들렸다. 마치 회사에서 정리해고당해 떠나가는 이 앞에서 슬픔의 눈물을 흘리며 환송회를 연 후, 남은 이들끼리 살아남은 것을 자축하며 회식을 하는 피도 눈물도 없는 냉혈한처럼 여겨졌기 때문이었다.

그런데 믿지 못할 일이 일어났다. 몇 끼니를 걸렀음에도 배고픈 줄 몰랐던 내가 눈앞에 놓인 육개장을 보고 다시금 식욕을 느낀 것이다. 핏빛처럼 붉은 고깃국을 본 순간 입가에 사르르 침이 고였다. 매콤한 냄새가 위를 자극했는지 꼬르륵 소리가 몸 전체에 진동했다. 나는 이성의 끈을 완전히 놓아버린 채 흰밥을 가득 말아 육개장 한 그릇을 모조리 먹어 치웠다.

빈속을 따뜻하게 채워준 육개장 한 그릇이 가져온 포만감. 그것은 단순한 배부름이 아니라 영혼과 육체 모두 빈사 지경에 이른 나를 다독이는 따스함이었다. 허한 속을 달래니 몸과 마음도 온기에 누그러들었다. 이후 나는 빈소를 찾은 친구들에게 희미하게 미소 지었고 때로는 그들과 농담 섞인 대화를 이어가기도 했다.

　　하지만 마음 반대편에서는 속 편하게 육개장 한 그릇을 순식간에 비우고, 기분 좋은 포만감에 싸여 웃는 얼굴로 조문객을 맞이하는 내 모습에 끊임없는 죄책감을 느꼈다. 주린 배를 채움으로써 느끼는 물리적 포만감과 아버지를 상실한 데서 오는 정신적인 허기. 절대 공존할 수 없을 것 같은 이 두 가지 감정이 함께 머무르는 것은 기이하면서도 불편했다. 그렇게 내 안에 있던 양극의 두 감정은 젖은 땅에 내려앉아 쓸어도 쓸리지 않는 낙엽처럼 악착같이 들러붙어 나를 혼란스럽게 만들었다. 장례를 치르는 내내 때로는 만족감이, 때로는 죄책감이 반대편을 억누르며 교차하듯 나를 지배했다.

살아야 한다는 죄책감

사실 그전까지만 해도 상반된 두 감정이 서로 맞물려 있다는 것은 논리적 모순이라고 생각했다. 하지만 다시금 곱씹어보니 일상에서 느끼는 흔한 감정도 논리적으로 설명할 수 없는 경우가 많았고, 그런 일들이 빈번하게 일어났다는 사실을 깨달았다.

힘들고 고단한 일을 마친 후, 긴 여정 끝에는 후련함과 만족감만 있을 것 같지만 왠지 모를 공허함이 한구석에 자리 잡는다. 그런 감정을 흔히 '시원섭섭하다'라고 표현한다. 그 미묘하게 뒤섞인 감정 때문에 우리는 기쁨의 미소를 짓다가도 이유 모를 눈물을 흘린다.

우리나라의 다양한 맛 표현 중에 '달콤 쌉싸래하다'라는 말이 있다. 봄나물이나 홍삼 같은 음식의 맛을 묘사하기도 하지만 희로애락의 상반된 감정으로 버무려진 우리 삶에 빗대어 사용하기도 한다. 우리 문화권뿐 아니라 영어에도 같은 의미를 지닌 '비터스위트bittersweet'라는 단어가 있다. 주로 초콜릿의 맛을 묘사하는데 인생의 과정을 비유할 때도 자주 쓰인다. 인간의 복잡한 감정은 문화와 성별을 뛰어넘어 이 세상을 살아가는 누구에게나 비슷하게 작용한다.

상반된 감정의 맞물림은 특히 사랑할 때 많이 경험한다. 좋아함과 미워함이 얽혀 있는 감정을 '애증'이라고 한다. 사소한 일로 아옹다옹하다가도 금세 서로를 살뜰히 챙기는 오랜 부부, 모든 걸 다 주어도 아깝지 않지만 언제라도 상처를 주고받는 관계로 돌아서는 부모와 자식, 뜨겁게 사랑하다가도 작은 서

운함에 이별을 생각하는 연인들. 모두 사랑과 증오라는 양극의 감정 사이를 오가면서 즐거움만큼이나 고통을 느낀다. 이렇게 상반된 감정과 태도가 공존하며 상호 충돌할 때 느끼는 혼란스러움을 '양가감정'이라 부른다.

양가감정이라는 개념은 프로이트의 '오이디푸스 콤플렉스'를 통해 널리 알려졌다. 아이에게 있어 자신과 반대 성별을 가진 부모는 처음 만나는 이성이다. 그렇기에 사랑을 갈구하고 성적 애착을 느낀다. 이러한 욕구는 자신과 동일한 성별을 가진 부모에게 경쟁심을 갖는 동시에 두려움과 복종이라는 뒤섞인 감정을 불러일으킨다. 이를 바탕으로 프로이트는 양가감정을 선천적으로 타고나는 본능에서 비롯한 갈등이라고 보았다. 그리고 생애 초기에 양육자와의 관계에서 얻은 경험이 생애 전반에 걸쳐 무의식적으로 타인과 관계를 맺는 데 기본 틀로 작용한다고 해석했다. 이를 가리켜 '대상 관계 이론'이라고 한다. 즉 현재의 인간관계는 과거에 형성된 인간관계에서 영향을 받았다는 것이다.

이제 막 세상에 태어난 아기는 사람도, 사물도 구분하지 못한다. 단순히 배가 고파 울면 어느 순간 입속에 무언가가 들어와 배를 채워주고, 밑이 축축하고 불쾌해 칭얼거리면 금세 보송보송해지는 만족스러움을 경험한다. 반대로 배고프거나 배설했을 때의 불쾌감이 제때 해결되지 못하면 좌절감을 느낀다. 처음에 아기는 자신의 감정을 좌우하는 행위의 주체가 무엇인지 또는 누구인지 제대로 인식하지 못한다. 그러다가 경험이 반복되면서 아기의 내면에는 대상에 대한 이미지가 새겨진다. 쾌감을 선사한 좋은 대상, 불쾌감을 준 나쁜 대상의 이미지도 개별적으로 쌓인다.

좀 더 성장하면서 잘하면 칭찬해주는 좋은 부모의 이미지, 잘못하면 야단치는 나쁜 부모의 이미지가 형성된다. 안정적인 환경에서 예측 가능한 훈육을 받은 아이들은 좋은 부모와 나쁜 부모의 이미지를 분리된 것이 아닌, '나를 사랑하는 부모님'이라는 하나의 이미지로 이해한다. 하지만 불안하고 예측이 어려운 환경에서 자라 불만족스러운 경험이 축적된 아이에게 부모의 이미지는 분열된 채 굳어버린다.

아이가 부모에게 갖는 상반된 감정은 다른 사람과의 관계에도 영향을 미친다. 좋고 싫음이 지나치게 뚜렷하거나 흑백이 극명하게 나뉘는 사고방식으로 지내다 보면 다른 사람과 관계를 맺고 지속하는 데 어려움을 겪기 쉽다. 그리고 균형 잡힌 '공존'으로 통합되지 못하고 분열된 채 머물러 있는 부정적 양가감정은 한쪽이 억지로 다른 감정을 억눌러 버린다. 여기서 불안감과 죄책감이 탄생한다.

억누름과 치우침이 없는 양가감정을 껴안으며

전혀 예측하지 못한 아버지의 갑작스러운 죽음은 나에게 '생生과 사死'라는 완전히 분리된 개념으로 새겨졌다. 죽음은 무조건적인 슬픔으로, 살아있음은 아버지에 대한 죄책감으로 생각되었다. 나를 위로하려 찾아온 친구들과 이야기 나눌 때면 암담함 속에서 잠시나마 숨이 트였다. 하지만 그 작은 해방감마저 슬픔으로 애써 억눌렀다. 그렇게 분출하지 못하고 억압했던 감정은 점점 내 안에서 곪아갔고, 끝내 아버지에 대한 죄책감이 아닌, 스스로를 위로하지 못한 나 자신에 대한 죄책감으로 오랜 시간 고생해야 했다.

세상을 살다 보면 우리 인생이 모 아니면 도라는 극단적인 방향으로 흘러가지 않는다는 것을 자연스레 깨닫는다. 모와 도 사이에는 둘을 이어줄 개와 걸, 윷이 필요하고 흑과 백 사이에는 다양한 색들이 존재한다. 슬픔과 기쁨은 분열되어 대치 상태에 놓인 감정이 아니다. 오히려 극단적 슬픔에 빠졌을 때는 훌훌 털고 일어날 힘과 희망을 주는 긍정적 감정이 필요하다. 주체하기 힘들 만큼 기쁠 때도 자칫 판단력을 잃고 실수하지 않기 위해 감정을 추스르고 누그러뜨릴 수 있는 냉정함이 필요하다.

오랜 시간이 흐른 뒤 돌이켜 생각해보니 장례식장을 찾아와 웃고 떠든 문상객들은 나름의 역할에 충실했다. 나와 가족들은 그들에게 따끈한 육개장 한 그릇을 대접하기 위해 분주히 움직이는 가운데 잠시 슬픔을 잊었고, 함께 이야기 나누다 보면 떠난 이의 빈자리에서 오는 상실감을 남은 이들이 채워준다는 사실을 깨달았다. 장례식장은 삶과 죽음이 명확히 갈린 곳이 아니라 오히려 자연스레 연결된 곳이었다. 무기력과 열정, 상실감과 충만함 등 모든 상반된 것들이 공존하며 서로를 어루만지는 자리였음을 한참이 지나서야 알게 됐다.

회사가 마음에 안 들 때 퇴사를 생각하거나 부부가 싸움을 한 후 헤어질 생각을 하는 것, 고난을 겪을 때 삶의 끝을 생각하는 등 살면서 문제가 생길 때면 극단적인 감정이 서로 상충한다. 그렇게 되면 우리는 내면에서 벌이는 싸움을 추스르기 위해 엄청난 에너지를 소모해야 한다. 매일 전쟁을 치르듯 사는 삶은 고달프고 힘들다. 어쩌면 두 개의 감정이 서로를 억누르지 않고 평화롭게 공존하는 것이 건강한 인간으로 살아가는 자연스러운 모습일지도 모른다. 흑과 백의 선택지가 아닌 그 속의 다양한 대안을 찾아 양가감정의 균형을 잡는다면 우리의 삶은 더욱 풍요롭고 성숙해질 것이다.

다시 나를 치유하는 육개장

육개장은 내게 또 하나의 깊은 추억과 연결되어 있다. 내 어린 시절 아버지는 해외 출장으로 늘 바빴다. 출장에서 돌아오자마자 하루 이틀 쉬고 곧바로 다시 출장을 가기도 했고, 일 년 내내 아버지 얼굴을 구경하기 어려웠던 시절도 있었다. 아버지가 출장에서 돌아오는 날이면 엄마는 꼭 육개장을 끓였다. 아침부터 엄마가 분주하게 육개장을 만든다는 건 아버지가 돌아온다는 걸 뜻했고, 보글보글 끓어오르는 진한 국 냄새를 맡으면 아빠를 만날 생각에 온종일 기분이 좋았다. 온 가족이 한자리에 모이는 것을 상징하는 육개장은 결국 헤어짐과 만남이라는 양극단을 통합하는 음식이었던 셈이다.

아버지와의 이별 이후 꽤 오랜 시간 그리움과 함께 찾아오는 슬픔을 일상의 일부로 받아들이지 못했다. 하지만 좀처럼 사그라지지 않을 것 같았던 슬픔도 시간이 흐르며 조금씩 잦아들었다. 아픔과 고통의 상처에는 새 살이 돋아났다.

보기만 해도 그날의 죄책감이 떠올라 한동안 멀리했던 육개장은 어느샌가 나를 다독이는 치유의 음식이 되었다. 슬픔 또는 기쁨의 분열된 감정보다 출장 갔던 아버지가 돌아온다는 설렘으로 들떠 있던 어린 시절의 추억을 먼저 불러일으켰기 때문이다. 그 기억 속에서 생생히 살아있는 아버지의 모습은 나를 미소 짓게 했다.

아들과 가끔 육개장을 먹을 때면 습관처럼 외할아버지가 출장에서 돌아오던 날 이야기를 해준다. 착한 아들 녀석은 다 아는 이야기인데도 아버지를 추억하는 엄마를 위해 늘 처음 듣는 양 귀 기울인다. 문득 아버지가 유난히 생각나는 날이면 큰 냄비를 꺼낸다. 그리움을 담아 양지고기를 푹 삶아 쪽쪽 찢고, 우거지며 토란대, 고사리 같은 건지를 매콤한 양념에 조물 조물 무쳐 고기 육수에 넣고 들통 가득 진하게 끓여낸 얼큰한 육개장을 후루룩 먹는다.

육개장

1 육수를 낼 양지머리는 미리 찬물에 담가 핏물을 빼둔다. 고기를 냄비에 넣은 후 물을 넣고 통마늘과 양파, 생강 등을 넣고 2시간 정도 푹 끓인다.

2 육수가 충분히 우러나면 고기를 꺼내어 쪽쪽 찢어둔다. 미리 데쳐둔 대파와 숙주, 고사리, 토란대 등을 고기와 함께 고추장, 국간장, 고추기름, 다진 마늘, 후추가루 등의 갖은양념에 주물러가며 무친다. 육개장에 넣는 건지는 취향껏 선택하지만 나는 토란대를 꼭 넣는다. 토란대가 통통한 식감도 좋을 뿐더러 향까지 더해주니 이만큼 매력 있는 건지가 있을까 싶다.

3 육수에 무쳐놓은 건지를 모두 넣고 은근히 끓이면 육개장 완성이다.

콩자반으로 치유한 미생의 하루

자존감 自我尊重感 self-esteem

나를 치유하는 부엌

대학을 졸업하고 곧바로 취직해 갑작스럽게 사회 초년생이 된 나는 그야말로 어설프기 짝이 없는 회사원이었다. 고등학교 졸업과 동시에 대학에 입학하고, 휴학 없이 대학 생활을 마치자마자 사회인이 되고 보니 같은 해 입사한 동기 중 나이가 가장 어렸다. 아직 아무것도 모를 철없는 나이에 하루하루 쉼 없이 내달리느라 진로나 미래에 대한 구체적인 고민도 하지 못한 내게 직장인이라는 현실은 생각보다 녹록지 않았다. 특히 입사한 해는 IMF가 한창인 1998년이었다. 취업 자체가 하늘의 별따기였던 시기에 그저 불러주는 곳이라면 업무나 환경을 따질 것 없이 무조건 가야 한다고 생각했다. 그러니 사회인으로서 당찬 목표나 업무에 대한 열정 같은 마음의 준비 또한 전무한 상태였다.

그렇게 무無의 상태로 시작한 사회생활은 얼마 지나지 않아 고통과 자기 비하로 이어졌다. 사전 교육도 없이 맡은 실무를 소화하기 위해 나는 '눈치껏 알아서' 행동해야 했다. 불행히도 나라는 사람의 유전자에는 어깨너머로 배우고 받아들이는 눈치와 센스가 전혀 없었다. 회의 시간에 동기들은 자신 있게 의견을 피력하거나 아이디어를 내놓기도 하건만 나는 내용을 제대로 이해하지 못해 말없이 앉아 있기만 했다. 게다가 배운 적도 없는 엑셀을 이용해 자료를 만들라고 하니 간단한 표도 진땀을 흘리며 한참을 씨름하다가 끝내 기한을 넘겨 제출했다. 그럴 때마다 상사의 따가운 시선이 날아와 박혔다.

이런 날들이 계속되면서 자존감은 바닥을 향해 달려갔다. 다른 사람들은 주어진 일도 빠릿빠릿하게 해내는데 나는 왜 이리 일머리가 없는 걸까. 동기는 컴퓨터 프로그램도 능숙하게 다루는데 나는 왜 고작 복사기 하나도 작동을 못해 종이들이 자꾸 구겨져 나오는 걸까. 똑똑한 사람들 사이에서 나 혼자 바보가 된 것 같아 외로웠다. 스스로에게 실망할 때마다 신입사원에게 가장 필요한 '열정'과 '패기'가 바닥으로 떨어진 자존감에 눌려 좀처럼 힘을 쓰지 못했다. 주눅의 날들이었다.

정작 제대로 한 일은 없는데 몸과 마음은 녹초가 되어 집으로 돌아오면 나는 때때로 부엌으로 향했다. 모든 게 내 뜻대로 흘러가지 않는 어설픈 사회인의 삶에서 요리는 내 마음을 달래주고 위안을 주는 도피처였다. 전화 상담 업무에 시달리느라 지친 몸과 마음을 요리로 달래는 영화 〈줄리 앤 줄리아〉의 주인공 줄리처럼 말이다. 영화에서 그녀는 이렇게 말한다.

"요리가 왜 좋은지 알아? 직장 일은 예측 불가잖아. 무슨 일이 일어날지 짐작도 할 수 없지. 하지만 요리는 확실해서 좋아."

나도 그랬다. 늘 무슨 일이 일어날지, 또 어떤 일로 허둥댈지 몰라 불안한 직장생활과 달리 내가 마음먹은 만큼의 결과물이 나오는 요리는 내게 작은 위안이 되어주었다.

특히나 마음이 아주 어지러운 날이면 습관처럼 콩자반을 만들었다. 엄마도 최고라 인정할 만큼 자신 있게 내놓을 수 있는 음식이기 때문이다. 잘 불린 콩을 물과 함께 불에 올리고 거품이 일며 우르르 끓어 넘치기 직전까지 슬쩍 삶아 동량의 간장과 설탕을 넣는다. 콩에 예쁜 주름이 자글자글 잡히고 표면에 반짝반짝 윤기가 돌 때까지 잘 조려내면 콩자반이 완성된다. 콩자반 위에 깨를 살살 뿌려 예쁜 접시에 담아내면 된다. 요리랄 것도 없는 간단한 음식이지만 마치 내가 대단한 손재주를 가진 요리사라도 된 양어깨가 으쓱해졌다. 게다가 달착지근하고 말랑한 콩자반을 먹으며 "역시 콩자반은 우리 딸이 만든 게 제일 맛있다"라고 감탄하는 엄마의 모습을 보면 뿌듯함과 성취감이 밀려왔다. 하루 종일 회사에서 나를 움츠러들게 만든 자괴감이 조금은 누그러드는 순간이었다.

다른 사람에게 인정받는다는 것

음식을 평가하는 기준은 무엇일까? 흔히 좋은 재료와 맛이라 생각하겠지만 모든 음식에는 저마다 다른 평가 기준이 존재한다. 지금껏 맛보았던 수많은 음식에는 맛뿐 아니라 추억 속에서 경험한 헤아릴 수 없는 감정들이 뒤섞여 있다. 누군가에게는 보잘것없는 음식이 내게는 세상에서 가장 맛있는 음식이기도 하며, 모두가 극찬하는 요리가 다른 이에겐 최악의 음식이 되기도 한다. 이는 우리가 음식과 더불어 그 안에 담긴 '이야기'를 함께 맛보기 때문이다.

사실 맛이라는 기준도 취향과 선호도에 따라 저마다 다

르기에 음식을 평가하는 객관적 기준이 될 수 있을까 하는 의문이 든다. 그럼에도 대다수의 사람들이 '맛있다'라고 인정하는 음식은 분명히 있게 마련이다. 취향에 따라 각자 좋아하는 음식과 싫어하는 음식이 나뉠 수는 있다. 하지만 결국 간이 맞고 맞지 않는 것, 음식이 맛이 있고 없는 것에 대한 평가에서 공감대가 형성되는 지점이 분명히 존재한다.

다른 사람으로부터 내 능력을 인정받는다는 것은 나에게 매우 중요한 의미를 지닌다. 사람이 성장하여 성인이 된 후 건강한 인격체로 독립적인 삶을 사는 데 가장 중요한 감정은 '자존감'이다. 사회적 동물인 인간은 자신의 능력을 타인에게 인정받음으로써 스스로에 대한 믿음과 존중하는 마음이 생긴다. 내게 있어 콩자반은 무너진 자존감을 다시 쌓아 올리게 해주는 통로였다. 적어도 그것만은 모두가 나를 최고라고 인정해주는 요리였으니까.

우리에게 자존감이 필요한 이유

요즘 어디서나 '자존감'이라는 단어가 많이 들린다. 에이브러햄 매슬로는 '욕구 위계론'을 통해 인간의 자존감을 분석하고 정리

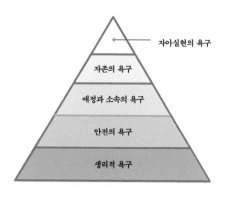

매슬로의 욕구 위계 피라미드

한 인본주의 심리학자였다. 그는 인간의 욕구를 기본부터 고차 원에 이르는 다섯 가지로 분류해 설명했다. 가장 원초적인 '생리적 욕구'와 자신을 보호하려는 '안전의 욕구', 그 위에 집단에 소속되고 타인에게 사랑받으려는 '애정과 소속의 욕구', 그리고 가치 있는 사람으로 인정받기 원하는 '자존의 욕구', 마지막으로 그 모든 것을 뛰어넘어 자신의 잠재되어 있던 자아를 완성해 본질에 도달하려는 '자아실현의 욕구'가 삼각형 맨 위 꼭대기에 자리한다.

　　매슬로는 자존감을 가장 고차원적 욕구인 자아실현 단계의 바로 아래에 놓았다. 이는 사회적으로 인정받고 자신의 가치를 발견하는 것이 고등 인간으로서의 본질을 실현하는 데 얼마나 중요한지를 보여준다.

　　부모의 칭찬은 타인으로부터 인정받은 아이가 자존감을 형성하는 가장 단단한 뿌리이자 출발점이다. 처음 일어서서 걸을 때, 작은 손으로 블록을 쌓았을 때, 'ㄱ'이라는 글자 하나를 읽었을 때. 아무리 작은 일도 엄마의 박수와 잘했다는 아빠의 환호를 받으면 아이에게는 무엇이든 해낼 수 있다는 믿음이 생긴다. 이를 디딤돌 삼아 더 어려운 것도 해내고 싶다는 도전 의식이 자리 잡는다.

　　이러한 인정은 학생을 거쳐 사회인이 되면 내가 속한 집단에서 업무의 성과로 나타난다. 꾸준한 인정과 존중이 쌓여 형성된 자존감은 언제 어디서든 스스로를 믿고 의지할 수 있는 강인함과 자신감 같은 고차원의 정신적 자유를 획득하는 기반이 된다. 단단한 자존감으로 무장한 사람은 삶에서 어려움과 부족함을 맞닥뜨려도 자신은 여전히 가치 있으며 지금의 고난을 이겨낼 능력이 있다고 믿는다.

　　이렇듯 특정 영역에만 국한되었던 외부로부터의 인정은 점차 삶의 여러 가닥으로 옮겨가며 긍정적인 영향을 준다. 스스로를 지탱하는 근본인 자존감이라는 뿌리를 내림으로써 모든 생각과 행동의 바탕이 된다. 사소한 것이라도 나 자신과 타인에게 인정받으면 그것이 자양분이 되어 가지를 치고 일상에서 마주하는 크고 작은 위기 앞에서 우리를 돌봐줄 것이다. '나는 잘할 수 있다'라는 긍정적 믿음이 힘을 발휘할 테니 말이다. 특히 나에게 소중한 사람의 칭찬과 중요한 일을 성취해 얻은 자존감은 더욱 튼튼하게 자리 잡는다.

며칠을 풀지 못해 끙끙거렸던 수학 문제를 풀어 선생님에게 칭찬받자 전 과목에서 올백을 맞을 수 있을 것만 같은 자신감이 샘솟는 일. 과연 해낼 수 있을까 두려운 일도 부모님이 "괜찮아, 다른 것들도 잘해왔는데 그 정도라면 넌 충분히 해낼 수 있어"라고 격려해주면 뚝딱 해치울 수 있는 용기가 생기는 것. 모두 작은 것에서 얻는 큰 자신감이다. 이것이 바로 자존감이 가진 파생의 효과다.

쳇바퀴처럼 돌아가는 하루의 일상조차 버거워 버둥거리던 사회 초년생 시절의 나는 가족을 위해 음식을 만들 때 가장 빛났다. 이때 슬그머니 모습을 드러낸 자존감은 여러 갈래로 갈라져 가지를 쳤다. 대단한 것 없는 반찬이지만 "역시 네가 만든 콩자반이 제일 맛있다"라는 칭찬을 듣고 나면 그다음 날 회사에서 버벅거리지 않고 멋지게 일을 해낼 것 같은 기대감이 생기곤 했다. 그렇게 자신감이라는 갑옷을 입은 나는 비록 업무는 여전히 어설플지라도 씩씩한 모습으로 회사 생활을 버텨나갈 수 있었다.

말해주세요, 당신은 정말 괜찮은 사람이라고

어린이집에 다니던 꼬마 시절의 아들 녀석은 가끔씩 집에 돌아와 울먹거리며 내게 말하곤 했었다.

"엄마…, 노래하고 춤추기 발표회를 하는데 나는 춤을 잘 못 춰. 옆에 있는 애는 노래도 잘하고 춤도 잘 추는데. 나는 왜 다 못하지?"

나는 인생의 낙오자라도 된 듯 시무룩한 표정으로 주눅든 아들을 보며 말했다.

"친구는 노래도 잘하고 춤도 잘 추는 애인가보다. 그런데 너는 다른 장점이 있잖아? 잘 웃고, 남들이 보지 못하고 지나치는 작은 것들도 잘 관찰하잖아. 춤과 노래를 잘하는 것만큼 네가 잘하는 것도 정말 대단한 거야. 네가 얼마나 멋지고 좋은 사람인데."

10대로 성장한 아들은 이제 더는 작은 일에 일희일비하지 않는다. 오히려 같은 반 친구 이야기를 하며 각자에게 부족한 부분을 서로 채워주니 상호 보완이 되어 더 좋다며, 제법 성숙한 소리를 할 줄도 안다. 아들에게 "오호, 멋진 말인데"라고 말하며 웃으면, 녀석은 "홋, 내가 좀 멋지긴 하지"라며 너스레를 떤다. 자존감이 없다면 할 수 없는 이야기다.

생각해보면 아들에게 해준 말은 어린 시절 엄마에게 늘 들어왔던 소리였다. 콩자반이 맛있다며 칭찬을 받을 때마다 "내가 다른 건 몰라도 콩자반 하나는 참 잘하잖아요"라고 말하면, 엄마는 꼭 "콩자반 하나는 잘하는 게 아니라, 콩자반까지도 잘하는 거야"라고 고쳐 말해주곤 했다. 당신의 딸이 무엇이든 잘해낼 수 있는 제법 괜찮은 사람이라는 사실을 알려주고 싶었던 것이다. 삶의 내공을 통해 자존감이 가진 파생 효과를 이미 깨우쳤던 모양이다.

회사를 나와 대학에서 학생을 가르칠 때도, 한 아이의 엄마로 육아를 할 때도 나의 부족함과 직면해야 하는 순간이 자주 찾아왔다. 강의실에서는 나보다 앞선 생각을 하고 두뇌 회전이 빠른 학생들과 함께하며 느리고 둔한, 그리고 인지력이 떨어져 가는 나의 모습과 마주해야 했다. 아이를 키우면서는 자기 아이의 뛰어남을 이야기하는 사람들 사이에서 내 아이의 부족함을 걱정해야만 했다.

그럴 때면 엄마의 말을 떠올리며 부엌으로 갔다. 손에 잡히는 것을 꺼내 별다른 계획도 없이 요리를 시작하는 것이다. 뚝딱뚝딱 경쾌한 도마 소리를 내며 재료를 썰고 달그락거리며 재료를 볶고, 모락모락 오르는 김을 타고 맛있는 냄새가 올라오면 어느새 무거운 생각은 사라진다. 내가 계획한 대로 모든 것

이 착착 진행되는 과정을 가벼워진 마음으로 바라보며 혼자 중
얼거린다.

"괜찮아. 그렇다고 내가 부족한 사람은 아니잖아. 적어
도 내 인생만큼은 누구보다 내가 최고 전문가니까. 게다가 나
는 어쩌면 요리까지도 잘할까. 거봐, 너 진짜 괜찮은 사람이라
니까."

콩자반

1 콩자반은 말랑한 식감이 생명이다. 그러려면 충분히 물에 불려야 한다. 나는 콩자반을 만들 계획이 있으면 하루 전날 콩을 물에 담가 불린다.

2 잘 불은 서리태를 불린 물과 함께 그대로 냄비에 넣는다. 간장과 설탕을 동량으로 넣은 후 중불 또는 중약불에서 뭉근하게 조린다. 콩자반은 어느 정도 단맛이 있어야 맛있다.

3 거의 졸아들면 마지막에 참기름 한 방울을 톡 하고 떨어뜨리고 불을 끈다.

4 통깨를 듬뿍 뿌려내면 먹음직스러운 콩자반 완성이다.

초콜릿 한 조각이 가져온 평안

분노 憤怒 anger

고통이 너를 붙잡고 있는 것이 아니다.
네가 그 고통을 붙잡고 있는 것이다.
—불교 명언

영화나 드라마를 볼 때면 심심찮게 등장하는 장면이 있다. 극 중 인물의 분노가 극에 달했을 때 주변에 화풀이하는 모습이다. 대개 이런 장면은 전형적인 방식으로 표현되곤 한다. 등장인물이 밥을 먹다가 밥상을 뒤집어엎거나 벽을 있는 힘껏 쳐서 손을 다치기도 하고, 주위의 물건을 집어 던져 산산조각이 나기도 한다. 폭발하는 내면을 보여주기 위한 극적이고 과장된 연출이지만 우리의 실상과 크게 다르지 않다.

대체 무엇이 우리의 분노를 유발할까? 복잡하게 얽힌 인간의 삶에서 화를 자극하는 요인은 셀 수없이 많다. 하지만 대부분의 문제는 타인과의 관계에서 생겨난다. 직장에서 존중받지 못하거나 모욕을 받은 것 같을 때, 친구와 이해관계가 얽혀 서로 충돌할 때, 가족에게 부당한 대우를 받을 때 또는 뉴스에서 몰상식하거나 비윤리적인 행동을 목격할 때 우리는 분노한다. 결국 다른 사람의 고의에 의해 만들어진 불쾌한 상황이 우리로 하여금 분노의 감정을 일으키게 한다.

분노가 치솟으면 우리는 어떤 방식으로든 들끓는 감정을 정리하고 배설하기 위한 행동을 한다. 많은 경우 공격적인 행위를 통해 분출한다. 소리를 지르거나 욕을 하고, 심한 경우 타인이나 물건에까지 폭언과 폭행으로 화풀이한다. 공격성을 드러내는 것의 문제는 타인이 정신적 또는 육체적 상처를 입는데 있다. 화풀이 대상은 대부분 나와 가장 가까운 가족이거나 나보다 힘이 약한 상대일 가능성이 높다.

분노는 발산할수록 점점 수위가 높아지고 감정이 증폭되므로 때때로 통제하지 못하는 수준으로 발전하기도 한다. 게다가 분노에는 중독성이 있다. 처음 외부에서 유발된 감정이 차츰 내부에서 꼬리를 물고 재생산되어 분노가 또 다른 분노를 낳는 상태로 이어진다. 가정폭력이 대물림되거나 힘있는 재벌가에서 직원들을 상대로 습관적 폭언과 폭행을 일삼아 사회적으로 문제가 된 경우를 우리는 이미 여러 번 목격했다. 부정적 감정을 무조건 드러냄으로써 스트레스를 해소하는 것은 화풀이 상대뿐 아니라 화를 내는 주체에게도 치명적이다.

그렇다고 분노를 억지로 짓누르는 행동이 능사는 아니다. 우리나라에만 있는 질환 중에 '화병'이라는 게 있다. 화병의 주요 원인은 예로부터 상대에 대한 예의를 중시하고, 감정의 표출보다는 엄격하게 통제하는 것을 미덕으로 여긴 유교 문화다. 분노의 감정을 분출하지 못한 채 참고 버티면서 쌓인 스트레스는 화병을 부른다. 그래서 화병을 문화 고유 장애라고도 한다.

풀지 못한 스트레스가 곪아 터지면 신체 능력 저하와 더불어 우울증이나 불안 같은 심각한 정신질환으로 이어지기도 한다. 이렇듯 분노를 지나치게 분출하면 타인에게, 과도하게 억압하면 자기 자신에게 해를 입히는 악순환이 반복된다.

내가 폭발한 날

유난히 지각을 자주 하고, 심지어는 수업의 절반가량을 출석하지 않은 학생을 만난 건 대학에서 강의를 시작한 지 몇 해 되지 않았을 무렵이었다. 학기마다 출석이나 학업에 게으른 학생은 늘 있게 마련이다. 그래서 그의 불성실한 행동을 그다지 신경 쓰지 않았다. 그보다는 내게 자신의 행동에 대해 변명으로 일관하는 모습을 좋지 않은 시선으로 바라보게 됐다.

지각과 결석을 할 때마다 구구절절 자신의 행동을 합리화하고, 그 이유에 번번이 당위성을 부여하는 태도가 곱게 보일리 없었다. 게다가 예상대로 그는 학기말고사로 출제한 문제의 절반도 채우지 못했다. 출결과 수업 참여, 그리고 시험 성적으로 종합하는 평가에서 나는 당연히 가장 낮은 학점을 줄 수밖에 없었다. 그것으로 불성실한 그와의 만남은 더 이상 없을 것이라 생각했다.

문제는 학기가 끝나고 성적이 공개된 다음에 일어났다. 낯선 번호로 걸려온 전화를 받으니 그 학생이 잔뜩 격앙된 목소리로 말하기 시작했다. 그의 표현으로는 '도저히 이해할 수 없는' 성적을 받아 무척 화가 났으며, 자신에게 가장 낮은 학점을 준 납득할 만한 이유를 듣고 싶다는 것이었다. 출결, 불성실, 시험 결과라는 당연한 이유를 받아들이지 못해 전화한 학생에게 아무리 설명한들 인정하고 물러날 리 없었다.

처음에는 조목조목 설명하던 나도 시간이 지날수록 지치고 화가 치밀어 올라 점점 언성이 높아졌다. 야단도 쳤지만 학생은 전화를 끊을 생각을 하지 않고 계속 따져 묻기만 했다. 실랑이는 한 시간가량 계속되었다.

긴 통화 끝에 그는 내게 이런 식으로 하면 자신도 강의 평가에서 가장 낮은 점수를 줄 것이며, 친구들에게도 내 강의를 절대 추천하지 않겠다는 협박을 남기고 먼저 전화를 툭 끊어버렸다. 나태하고 무책임한 수업 태도도 모자라 뻔뻔하고 예의마저 없는 학생의 행동에 전화를 끊고 나서도 나의 분노는 좀처럼 사그라지지 않았다. 통화를 마친 후 나는 너무도 화가 치밀어 올라 소리를 지르며 들고 있던 휴대폰을 있는 힘껏 집어던져 버렸다.

그 학생은 협박대로 나의 강의 평가에 최하 점수를 매겼고 개방형 답변은 험한 말과 온갖 비판으로 도배했다. 두 눈으로 직접 글을 확인하니 이제껏 경험하지 못했던 극도의 분노가 복받쳐 올랐다. 마치 내 앞에 학생이 서 있는 듯 내가 알고 있는 모든 욕설을 퍼부어 가며 벌건 얼굴로 허공에 소리를 질러댔다. 거기에서 그쳤으면 좋으련만 분노는 점점 증폭되어 엄마의 목소리에 놀라 다가온 아들에게까지 이유 없이 화를 내고야 말았다. 괜스레 잘못도 없고 힘조차 없는 어린 아들에게까지 화풀이한 것이다.

매운 음식을 먹으면 화가 풀린다는데

사랑하는 사람과 헤어지고 노래방에서 이별 노래를 부르거나 비가 오는 날에는 잔잔한 음악을 틀어놓는 일, 기분 좋은 일이 있을 때는 신나는 노래를 들으며 춤을 추는 것은 우리가 감정을 다루는 방법 중 하나다. 지금의 감정 상태와 비슷한 통로로 감정을 해소하는 것을 '심리적 동일시'라고 한다. 우리는 일상에서 음악뿐 아니라 다양한 방식으로 감정을 해소한다. 스트레스를 풀기 위해 땀을 뻘뻘 흘릴 만큼 매운 음식을 먹는다거나, 빵을 만들며 반죽을 마구 두들기거나 내던지며 감정을 발산하기도 한다.

　　감당하기 힘들 만큼의 분노를 추스르지 못한 채 나를 걱정하는 아들에게까지 화를 냈던 날, 나는 매운 양념에 낙지를 재워 볶기 시작했다. 스트레스를 받을 때 매운 음식을 먹으면 축적된 감정을 해소하고 날려 보낼 수 있다는 이야기를 많이 들었기 때문이다. 고춧가루와 고추장을 듬뿍 넣고 청양고추까지 다져 넣었다. 보기만 해도 땀이 흐를 것 같은 선명하고 진한 붉은 양념에 낙지를 버무려 재운 후 웍에 휘리릭 볶았다. 낙지가 익는 동안에도 웍에서 매운 향이 가득 올라와 기침과 재채기가 끊이질 않았다.

완성한 낙지볶음을 크게 한입 맛보았다. 먹는 순간 오늘의 불쾌한 감정이 날아가 버릴 것이란 기대와 달리 나의 분노를 삭이는 데 아무런 영향을 주지 못했다. 오히려 잔뜩 성이 나 열이 오른 상황에 기름을 붓고 부채질을 하는 격이었다. 얼굴은 맵고 뜨거운 열감으로 팽창해 터지기 일보 직전이었고, 끊임없이 흐르는 땀을 닦느라 짜증까지 밀려왔다. 겨우 감정을 억누르고 있던 속은 매운 기운까지 더해져 결국 용암처럼 솟구쳤다. 답답한 게 뻥 뚫리듯 터져 나와 카타르시스를 느끼는 시원한 분출이 아니었다. 분노는 분노대로 폭발해버리고, 매운맛을 감당하지 못한 몸은 발만 동동 구르는 혼란 그 자체였다.

매운 낙지볶음 한 접시는 나에게 통제가 어려운 상황에서 심리적 동일시를 시도해서는 안 된다는 사실을 알려주었다. 내 감정에 공감하고 위로하며 가라앉히기는커녕 숨기고 싶었던 감정까지 모습을 드러내게 만들었다. 점점 크게 밀려오는 감정을 감당하지 못해 끝내 터져버린 것이다.

실제로 음악 심리치료 분야에서는 우울증이 심한 사람에게는 우울한 음악을 권하지 않는다. 오히려 우울함을 증폭시켜 더 큰 우울과 절망의 나락으로 빠져들 위험이 있기 때문이다. 심리 치료를 할 때는 심리적 동일시를 시도하기에 앞서 충분히 감정을 이입할 수 있도록 안정적인 심리 상태를 만드는 것이 먼저다. 나 역시 분노를 날려버리겠다며 무턱대고 매운 음식을 먹기보다는 내 안에 자리 잡은 화를 통제할 수 있도록 마음의 평정을 찾는 것을 우선해야 했다.

이 분노가 나를 흔들 때

철학자 몽테뉴는 인간에 관한 통찰을 정리한 책《수상록》에서 분노의 감정이 밀려올 때 무의미한 것에 화풀이하는 것만큼 어리석은 일이 없다고 이야기한다. 책의 일부인 〈분노에 대하여〉에서 그는 다음과 같이 말한다.

> 다른 무기를 가지고는 우리가 그것을 움직이지만, 분노라고 하는 무기는 반대로 우리를 움직인다. 우리의 손이 그것을 조종하는 것이 아니라, 그것이 우리의 손을 조종한다. 이 분노라는 무기가 우리들을 잡고 있는 것이지, 우리가 이 무기를 잡고 있는 것은 아니다.

몽테뉴는 분노가 가진 중독성과 힘에 대해 경고한다. 분노라는 감정은 그 속에 자신을 이입해 분출하면 도리어 스스로

지배당하여 통제력을 잃게 만드는 힘을 가지고 있다. 따라서 나에게 분노를 불러일으킨 원인을 다른 곳에서 찾거나, 그 감정을 터트릴 수밖에 없었던 당위성을 부여하기 전에 흥분된 감정을 먼저 추슬러야 한다고 말한다.

> 우리들 자신이 올바르게 처신하려면, 우리들의 맥박이 뛰며 흥분을 느끼는 동안은 일을 중지해야 한다. 우리의 마음이 가라앉아 냉철해질 때면 사물들이 아주 다르게 보일 것이다. 그때에는 격정이 지배하고 말하는 것이지, 우리가 말하는 것이 아니다. 격정을 통해서 보면, 마치 안개를 통하여 보는 물체와 같이 과오들이 우리에게 더 크게 보이는 것이다.

어쩌면 분노는 우리가 일상에서 자주 느끼는 가장 흔한 부정적 감정이다. 뜻대로 되지 않는 삶의 과정에서 순간순간 고개를 내미는 분노라는 감정은 꽤 자주, 오랜 시간 우리 곁에 존재해왔다. 그래서 자꾸만 그 감정을 내 것이 아닌 남의 탓으로 돌리고 싶어 하는 것일지도 모른다. 화가 날 때 감정을 닮은 자극적인 음식을 먹는 것도 분노를 다스리기보다는 감정을 토해내고 싶은 욕구를 음식에 투사한 것은 아닐까. 끓어오르는 감정의 변화를 음식 탓으로 돌리며 무의식적으로 자신을 정당화하고 싶은 마음인 것이다.

하지만 몽테뉴의 말대로라면 성급히 분노를 해소하려다
가 오히려 분노의 감정에 휩쓸리기 쉽다. 그 전에 모든 것을 멈
추고 가만히 자신을 내려놓아야 한다. 감정은 내면에서 스스로
아우성치는 것이지, 외부에 의해 비롯된 것이 아니기 때문이다.

커피 한 잔, 그리고 초콜릿 한 조각

분노를 화끈하게 날려버리겠다며 야심 차게 요리한 매운 낙지
볶음은 결국 아무 도움도 되지 못했다. 실패를 맛본 후 나는 얼
얼한 혀끝과 쓰린 속, 그리고 더욱 커져버린 분노와 짜증을 한
꺼번에 감당해야 했다. 물을 마시고, 얼음을 입에 넣어 이리저
리 굴리고, 식빵 한 조각을 뜯어 오물오물 씹기도 했지만 매운
맛도, 짜증도 누그러지지 않았다. 그러다 마지막 선택으로 커피
한 잔을 내려 조금씩 입속에 머금었다가 천천히 목으로 흘려보
냈다. 여기에 쓴맛을 중화시키기 위해 초콜릿 한 조각을 넣고
살살 굴리며 녹여 먹었다. 그러자 분노와 매운맛으로 예민하게
날 서 있던 감정과 감각이 그제야 조금씩 화를 거둬들이며 진정
되기 시작했다.

놀라운 것은 평소 자주 맛보며 즐기던 커피와 초콜릿이라는 흔한 조합이 그날따라 완전히 다른 느낌으로 다가왔다는 사실이었다. 커피의 쌉싸름한 향과 초콜릿의 달콤한 맛이 뒤섞여 입안은 쓰면서도 달콤한, 맛의 절묘한 조화가 가져온 풍미로 가득 찼다. 격앙과 분노, 짜증을 거쳐 다시금 평온함을 되찾은 유난했던 하루 끝에 맛보는 달콤 쌉싸름함이었다. 혀끝에서 희로애락, 삶의 쓴맛과 단맛, 복잡하고 오묘한 감정이 뒤섞인 맛이 났다. 나는 그제야 이런 것들이 내 삶을 충만하게 해준다는 사실을 조금이나마 알 것 같았다. 오만 가지 감정으로 널뛰며 롤러코스터 같던 내 마음이 차분히 정리되는 과정에서 나는 조용한 다독임을 받았다.

모든 게 진정되고 한참을 소파에 가만히 앉아 하루 동안 일어났던 일들을 곱씹었다. 그러자 나도 모르게 실없는 웃음이 터져 나왔다. 대체 그게 뭐 그리 대단한 일이라고 그렇게까지 흥분하며 펄쩍 뛰었을까. 철없는 학생의 생각 없는 행동에 어른인 내가 이리저리 휘둘리다니. 나는 여전히 부족한 인간이었다.

그랬다. 내 속에 있던 화는 타인이 아닌 나의 문제였으며, 내 안에서 일으킨 분노는 또 다른 분노를 계속해서 일으키고 있다는 것을 깨달았다. 자성의 목소리가 내 안에 울리자 내 자신을 한계까지 끌어올렸던 분노가 사라지고 쓸쓸한 웃음만

새어 나왔다.

오래전 들었던 '커피 한 잔의 여유'라는 광고 카피가 떠오른다. 여기서 말하는 여유란 차의 맛과 향을 음미하며 한숨 돌리는 것을 넘어 복잡하고 혼란스러운 감정이 찾아오면 모든 것을 멈추고 마음을 추스르는 '쉼'을 의미하는 게 아닐까. 커피 한 잔과 초콜릿 한 조각이 내 마음속 분노의 태풍을 가라앉히고 마음을 정돈할 수 있는 쉼을 준 것처럼 말이다.

완벽한 엄마에서 이만하면 좋은 엄마로

내려놓기　虛心　empty

> 바람이 불 때
> 흩어지는 꽃잎을 줍는 아이들은
> 그 꽃잎들을 모아 둘 생각은 하지 않는다.
> 꽃잎을 줍는 순간을 즐기고
> 그 순간에 만족하면 그뿐.
> —라이너 마리아 릴케

엄마에 관한 명언은 참 많다. '신이 모든 곳에 존재하지 못하기에 엄마를 만들었다', '한 명의 좋은 엄마는 백 명의 선생님만큼의 가치가 있다'와 같은 말은 한 번쯤 들어봤을 것이다. 그만큼 엄마는 한 사람이 인간답고 건강하게 성장하는 데 바탕이 되는 가장 절대적인 존재다.

　　하지만 아이를 낳고 보니 내게는 엄마라는 축복보다 엄마라는 굴레가 더 크게 느껴졌다. 나는 왜 세상의 위대한 어머니와 닮은 구석이 없는 걸까. 나에게 육아는 왜 기쁨이 아니라 어마어마한 격무로 느껴지는 걸까. 이런 생각이 들 때마다 자괴감이 밀려왔다.

밥을 먹지 않고 입에 물고만 있는 아이를 보면 속에서 부글거리며 화가 치밀어 오르고, 말하는 것마다 골난 표정으로 "싫어", "나빠"라며 말대꾸하는 아들이 미워 꿀밤을 쥐어박고 싶은 마음도 여러 번이었다. 그럴 때마다 어릴 때부터 접해왔던 '숭고한 어머니'들이 나타나 "엄마는 그러면 안 돼. 무조건 참아야 하는 거야"라고 야단치는 것 같아 죄책감을 느끼곤 했다. 아이를 키우며 늘 미소와 여유를 잃지 않는 자애로운 엄마, 아이의 요구와 떼쓰기에도 차분하게 행동할 줄 아는 완벽한 엄마가 되어야 한다는 생각이 나를 끊임없이 구속하고 있었다. 어느 누구도 강요한 적 없는데 말이다.

게다가 엄마 노릇에 아이를 돌보는 베이비시터, 삼시 세끼를 챙기는 영양사, 궁금한 것을 알려주는 선생님, 고장 난 장난감을 고치는 기술자로 변신하는 것이 포함되는 줄 몰랐다. 대학 강사로 학생들을 가르치고 논문까지 써내야 하는데 엄마가 됐다. 일과 육아 모두 그냥은 안 되고 제대로 해야 한다는 강박관념이 나를 짓눌렀다.

모든 엄마가 그렇듯 아이를 기르며 먹거리에 가장 많은

신경을 쏟았다. 나의 엄마는 '끼니마다 가장 좋은 재료로 일심 정성을 다해 음식을 만들어야 한다'는 것을 삶의 철학으로 여기며 살았다. 그렇게 차려낸 음식을 먹고 자랐으니 내 아이에게도 그렇게 해줘야 한다고 생각했다. 아이가 냉동식품이나 레토르트 식품을 먹으면 큰 탈이라도 나는 줄 알았고 화학조미료는 음식에 넣어서는 절대 안 되는 유해물질로 여기며 살았다.

그러다 보니 아이의 모든 끼니는 물론이고 간식, 구입하면 요리 과정이 한결 수월해지는 양념과 소스까지도 일일이 직접 만들었다. 가끔 주말에 라면을 끓여 먹거나 떡볶이를 사먹기도 했지만, 아이의 주식으로 라면을 끓이는 일은 내 생애 절대 일어나지 않으리라 생각했을 정도였다. 그러다 정성들여 직접 만든 음식을 아이가 잘 먹지 않을 때면 내가 들인 공을 무시하는 것 같아 화를 냈고, 그 모습에 스스로 놀라는 경우도 있었다.

미디어에서 그려낸 엄마의 이미지와 엄마라는 존재를 숭고하게 만든 명언들. 엄마라면 응당 이래야 한다고 내 머릿속에서 그려왔던 모습대로 살려는 노력은 그렇게 오랜 시간 지속되었다. 하지만 언젠가부터 당연시되었던 말과 이미지들이 '엄마'의 역할을 비현실적으로 포장해 평범한 엄마에게 폭력적인 강압으로 작용하는 것은 아닌가 하는 의구심이 들기 시작했다. 분명 내 생각대로라면 완벽한 엄마의 모습에 아이가 행복해야 하는데, 나의 몸과 마음이 지쳐가는 만큼 아이도 그다지 행복해 보이지 않았으니 말이다. 그럴 때면 나도 모르게 깊은 한숨을 쉬며 중얼거리곤 했다.

"엄마가 신을 대신한다고 신은 아니야. 엄마는 그냥 사람이야."

행복하고 편한 엄마가 되자

집착에 가까웠던 '엄마표 음식'에 대한 나의 고집을 꺾은 건 아들이 초등학교에 입학할 무렵이었다. 아이는 처음 '학생'의 신분으로, 나는 '불혹'의 시기로 각자 새로운 출발을 하게 된 해였다. 그런데 시작에 대한 기대감을 갖기도 전에 40대 진입의 혹독한 신고식을 치러야 했다.

새해 첫날부터 몸을 가누기 힘들 만큼 엄청난 탈진을 느꼈다. 몸이 그렇게나 심하게 까라지는 느낌은 태어나서 처음 경험했다. 예전에는 몸져누워도 하루만 푹 쉬면 훌훌 털고 일어나던 것이 이번에는 시간이 지나도 좀처럼 기운이 돌아오지 않았다. 결국 며칠을 꼼짝 않고 누워 있어야 했다.

잠시 일어나 화장실을 가는 것도 힘들 정도였으니 아이

와 놀아주거나 숙제를 봐주는 일은 엄두조차 낼 수 없었다. 하지만 아이의 밥을 거를 수는 없었다. 끼니 시간은 다가오는데 밥을 짓고 반찬을 만들어 상을 차려낼 힘이 나지 않았다. 어떻게 할까 고민하던 중 부엌 찬장 속 라면 봉지가 눈에 띄었다. 라면 한 봉지면 아들의 점심을 간단히 차릴 수 있다. 잠시 망설인 끝에 아들에게 물었다.

"엄마가 몸이 안 좋아서 그러는데, 오늘 점심은 그냥 라면 먹을래? 밥을 차려주지 못해 미안."

끼니로 라면을 준 적이 없던 엄마의 입에서 의외의 메뉴가 나오자 아들은 놀란 토끼 눈으로 나를 쳐다봤다. 그러더니 이내 환한 표정을 지으며 잔뜩 신난 목소리로 대답했다.

"응! 응! 라면 좋아! 배고파, 얼른 끓여줘!"

미안한 내 마음과 달리 신난 아들 녀석의 모습에 일단은 안도의 한숨을 내쉬었다. 그러다 너무도 행복해하며 후루룩 면발을 흡입하는 아이의 표정을 바라보며 그동안 몰랐던 중요한 사실을 깨달았다. 내가 마지못해 불편한 마음으로 차려주는 밥상보다 편한 마음으로 쉽게 차려주는 라면 한 그릇을 훨씬 즐겁게 먹고 있다는 것. 결국 완벽을 위해 나 자신을 들볶기보다 조금은 허술해도 내가 편안하고 행복할 때 아이도 행복할 수 있다는 사실 말이다.

'완벽한 엄마'에서 '이만하면 좋은 엄마'로

7년간 아이가 생기지 않다가 오랜 기다림 끝에 소중한 아이를 얻은 지인은 출산 이전부터 모든 아기 옷과 육아용품을 최고급으로 빠짐없이 준비했다. 교구와 전집까지 벽 한 면을 빼곡히 채울 만큼 만반의 준비를 해놓은 상태였다. 출산 이후에는 아기가 성장하는 과정에 따라 개월별, 나이별로 세부적인 육아 계획까지 세웠다. 성장 시기에 맞춰 어떤 교육을 하고 무슨 학원에 보낼지까지도 치밀하게 정리해두었다. 아이가 이제 막 돌을 지났을 때였다.

　　미리 서두를 필요 없이 아이가 커갈 때마다 하나씩 아이에게 맞춰 준비해도 늦지 않다고 이야기하면, 돌아오는 대답은 늘 같았다. 너무 오랫동안 기다린 소중한 아이에게 필요한 것은 모두 해줄 생각이라는 것이다. 게다가 늦게 본 자식인 만큼 철저히 준비해서 완벽하게 키우고 싶다고 했다.

　　간절했던 만큼 아이가 소중한 부모의 마음은 이해할 수 있다. 하지만 그것이 과연 아이가 원하는 것일까 하는 반문을 하고 싶어졌다. 그저 나의 욕심에 아이가 원할 것이라는 핑계를 덧씌우고 있는 것은 아닌지 말이다.

　　아들과 같은 어린이집에 다니던 한 아이의 별명은 '쌈

닭'이었다. 늘 불만족스러운 표정에 툭하면 공격적인 모습을 보여 하루에도 몇 번씩 같은 반 친구들과 싸우곤 했다. 그 아이는 초등학생이 되기 전부터 이미 열 곳이 넘는 학원에 다니는 중이었다. 엄마가 짜놓은 빡빡한 시간표에 맞춰 생활하고 있었는데, 아이의 엄마는 늘 버릇처럼 "우리 아이가 배우는 것을 너무 좋아한다"라고 말했다.

그러다 몇 년이 지난 후 다시 만난 아이의 모습은 놀랄 만큼 달라져 있었다. 어른을 만나도 인사는커녕 본체만체하던 아이가 기분 좋은 표정으로 공손하게 인사를 했다. 친구들과 이야기할 때도 부드럽고 편안한 모습이었다. 생각지도 못한 큰 변화가 기특하고 신기해 아이 엄마에게 물었다. 그는 이렇게 대답했다.

"제 욕심에 미친 듯이 학원을 보냈어요. 저는 그래도 아이가 좋아한다고 생각했는데, 언젠가부터 학원을 보낼 때면 애는 울고 나는 호통을 치며 전쟁을 치렀어요. 아이와 대화해서 정말 원하는 학원 몇 개만 빼고 다 끊어버렸어요. 남는 시간에는 운동도 하고 나가서 뛰어놀게 했는데, 오히려 더 열심히 공부하고 저랑 사이도 훨씬 좋아졌어요. 저도 아이의 학원 시간에 맞춰 통원시키느라 제 생활 없이 늘 대기하다 운전하면서 하루를 보냈거든요. 그게 진짜 엄마 노릇이라고 생각했는데 아니었던 거죠. 지금은 아이와 저 둘 다 만족하며 지내고 있어요."

과연 엄마가 마련해준 완벽한 환경에서 철저한 교육을 받으며 자란 아이는 행복하고 건강한 어른으로 성장해 독립할 수 있을까? 영국의 소아과 의사이자 심리학자였던 도널드 위니코트는 좋은 엄마란 '완벽한 엄마'가 아닌 '이만하면 좋은 엄마 good-enough mother'라고 말한다. 완전무결한 엄마보다 오히려 조금 부족해도 그리 나쁘지 않은 엄마가 아이에게는 훨씬 더 인간적이고 좋은 엄마로서의 역할을 한다는 의미다.

위니코트는 아이가 필요로 하는 것을 미리 마련해주는 것은 좋은 엄마의 역할이 아니라고 말한다. 아이가 스스로 노력해 성취욕을 느끼고 독립적인 개체로 자랄 기회를 박탈하기 때문이다. 이런 환경에서 자란 아이는 작은 실수나 실패에도 상실감을 느끼고, 뭐든지 노력 없이 이룰 수 있는 것으로 착각하는 왜곡된 사고방식을 가진 채 성장할 수 있다. 또한 스스로 완벽한 슈퍼 맘이 되려는 엄마는 자신의 평가 기준에 늘 미치지 못하는 자신과 아이의 모습에서 좌절하고 스트레스를 받아 행복을 느끼지 못한다. 엄마의 스트레스는 고스란히 아이에게 전해지니 모두가 불행할 수밖에 없다.

엄마가 스스로 세워놓은 비현실적인 기준에 얽매여 늘 부족한 존재라 여긴다면 아이와 엄마 모두 행복할 수 없다. 그보다는 엄마와 아이 모두 지극히 인간적인 존재라는 현실을 받아들일 때 비로소 여유가 찾아온다. 실수도 삶의 과정이라 생각하며 아이의 내면과 사고방식을 존중하고, 그것을 지지하고 공감해주는 편안한 안식처로서의 엄마. 어린 존재에게는 이런 엄마가 숨통을 트이게 해주는 가장 좋은 엄마다.

아들, 오늘 점심에 라면 어때

코로나19가 온 세계를 덮치고 우리 일상에는 많은 변화가 찾아왔다. 그중 엄마라는 신분으로서 가장 크게 체감하는 변화는 '매일, 삼시 세끼 차려 먹는 밥'이 아닐까 싶다. 학교와 학원이 모두 문을 닫고 아이들은 집안에 하루 종일 머물며 수업을 듣는다. 결국 세 번의 끼니를 챙기는 것은 고스란히 엄마의 몫이 되어버렸다.

힘겨운 일이긴 하지만, 아이가 먹는 세 끼를 아무렇게나 내놓을 수는 없다. 덕분에 온종일 부엌에서 사부작거리며 분주히 지낸 날도 많았다. 요리를 좋아해서 처음에는 그럭저럭 버텨나갔다. 하지만 이런 날이 끝나지 않을 것 같다는 불안과 점점 고갈되는 레시피를 보면서 또다시 스트레스가 시작되기도 했다. 그럴 때면 '내려놓음'에 대해 생각하며 딱딱해진 내 마음을 다시금 말랑하게 도닥이곤 한다.

가만히 있어도 땀이 줄줄 흐르던 어느 여름날, 모든 게 귀찮아 간단하게 비빔라면을 만들었다. 손으로 조물조물 비빈 라면을 접시에 담고 예쁘게 삶아낸 달걀을 사이좋게 반으로 갈라 라면 위에 얹었다. 선풍기를 틀고 아들과 둘이 식탁에 마주 앉아 도란도란 이야기를 나누다가 호로록, 면발을 빨아들이며 점심을 때운 날이었다. 아들이 행복한 표정으로 말했다.

"엄마랑 이렇게 같이 얘기하면서 비빔면 먹으니까 너무 좋아."

아이는 엄마가 정성을 쏟아 만든 영양 가득한 음식을 먹고 건강하게 자란다. 하지만 아들의 말을 들으며 영양분의 원천은 엄마의 여유롭고 행복한 마음에 뿌리를 둔 것은 아닐까 생각했다.

라면

1 팔팔 끓는 물에 라면을 넣고 센 불에서 끓여낸다.

2 라면을 가장 맛있게 끓이는 방법은 특별한 기술을 부리지 않는 것이다. 라면 봉지에 쓰인 '조리 예'를 그대로 따라야 한다. 수십 명의 전문가가 맛을 보며 완성한 것이므로 가장 믿을 수 있는 방법이다.

엄마의 고등어조림을 뛰어넘을 수 없다면

열등감　劣等感　inferiority complex

열등감이 나타나는 그 순간
정신적 삶의 과정이 시작된다.
—알프레드 아들러

"우리 딸이 해주는 음식은 어느 것 하나 빠지는 것 없이 너무 맛있는데 고등어조림만큼은 엄마 솜씨를 아직 못 따라가는 것 같다."

　아버지를 위해 고등어조림을 만들어 상을 차릴 때면 늘 듣던 말이다. 요리를 좋아했던 나는 어릴 적부터 뚝딱거리며 어설픈 솜씨로 소꿉장난하듯 간단한 음식을 직접 만들곤 했다. 그러다 어른이 된 이후부터는 본격적으로 엄마의 손맛이 담긴 집밥 비결을 어깨너머로 조금씩 배워나갔다. 처음에는 '적당히', '이만치'의 의미를 도저히 알 수 없어 고생하기도 했다. 그래도 엄마와 함께 부엌에 서는 시간이 늘어날수록 모호한 계량 방법에도 익숙해졌다.

재료를 다듬고 음식을 볶거나 삶는 정도의 주방 보조였지만 때때로 엄마 대신 메인 셰프가 되기도 했다. 엄마는 고등학교 동창들과 여행을 갈 때면 아버지를 위한 반찬을 미리 만들어 두곤 했다. 하지만 언제부턴가 "네가 알아서 아빠 아침상 차려드려라"라며 부엌을 내게 맡긴 채 훌훌 떠나기 시작했다. 그러면 웬만한 음식은 만들 줄 알았던 나는 순순히 그러겠노라며 자신 있게 대답했다.

우리 집은 무슨 일이 있어도 아버지의 아침상을 단 한 번도 거른 적이 없었다. 엄마 없이 혼자 아침을 준비하는 날이면 나름대로 구색을 맞춰 상을 차렸다. 아버지가 좋아하는 칼칼한 콩나물국이나 담백한 된장국을 끓이고, 엄마가 만들어둔 밑반찬 말고도 시금치나 콩나물을 무쳐 내놓았다. 가끔 탄력이 붙으면 주요리가 될 만한 음식을 따로 만들기도 했다. 엄마의 빈자리를 느끼게 하고 싶지 않았기 때문이다.

아버지는 내가 차려낸 모든 음식을 맛있게 먹었다. 본래 속마음을 잘 표현하지 않는 아버지는 내 요리 앞에서만은 다른 사람이 되었다. 사랑하는 딸의 음식을 먹을 때마다 "맛있다"라는 말을 반복하며 넘치도록 표현해주곤 했다. 그런 아버지가 맛있다는 말 대신 다른 평가를 한 음식이 고등어조림이었다.

엄마의 고등어조림은 입에 착 붙을 정도로 맛이 좋았다. 그 맛의 비법을 알고 싶어 고등어조림을 만드는 날이면 엄마가 요리하는 과정을 빈틈없이 관찰했다. 딱히 특별할 것은 없었다. 무를 깔고 그 위에 고등어 토막을 얹은 후 양념장을 끼얹었고 육수를 부어 바글바글 졸이는 게 전부였다. 양념장에는 인공 감미료도 넣지 않았으니 그저 평범한 재료와 조리법이었다. 그런데도 엄마의 고등어조림은 다른 맛이 났다. 대체 비결이 뭐냐고 물으면 대답은 늘 한결같았다.

"그냥 고춧가루 웬만큼 넣고, 묵은 김치 썰어서 조금 깔고, 간은 간장으로 어느 정도 맞춰서 넣으면 돼."

결국 아무런 소득이 없었다.

묵은지를 넣어도, 무를 살짝 삶아서 깔아도, 물 대신 멸치나 다시마를 우린 육수를 부어도 엄마의 맛이 나지 않았다. 맛의 비밀을 알 길이 없으니 아무리 애를 써서 만들어도 아버지의 입에서는 "참 맛있는데, 그래도 엄마 솜씨만은 못하다"라는 평가만 메아리처럼 돌아올 뿐이었다. 항상 같은 소감에 별다른 감흥을 느끼지 못한 나는 어느 순간부터 고등어조림을 만들지 않았다.

꽤 오랜 시간 내가 만든 고등어조림은 식탁에 오르지 않았다. 결혼한 뒤 남편이 고등어를 찾을 때면 조림 대신 자반을 사다 구워줬다. 생선조림을 하고 싶을 때면 갈치나 병어로 만들었다. 엄마의 맛을 뛰어넘기는커녕 따라 할 수도 없다는 두려움에 시도할 생각도 하지 않았던 것 같다.

사실 내가 고등어조림을 만드는 유일한 이유는 엄마와의 비교가 아니라 단순하고 명쾌한 "맛있다"라는 아버지의 한마디가 듣고싶어서였다. 그런데 맛을 평가해줄 아버지가 더 이상 곁에 없으니 동기부여도 되지 않았다. 결국 고등어조림은 내게 도저히 엄마를 이길 수 없는 맛이라는 '열등감'만 남긴 채 잊힌 메뉴가 되어버렸다.

열등감과 우월감의 뿌리는 같다

열등감은 사회적 동물인 인간이라면 누구든 가질 수밖에 없는 감정이다. 사실 우리가 안고 있는 대부분의 문제는 열등감에서 출발한다고 해도 과언이 아니다. 자신의 모든 것을 타인과 비교하며 공격적인 자세를 취하는 사람, 인정받으려는 욕구가 지나치게 강한 사람, 타인보다 우월하고 싶은 욕구나 허영심이 강한 사람을 만난 경험이 있을 것이다. 개인의 지극히 사적인 문제를 하나의 원인으로 단정해 설명할 수는 없다. 허나 이런 성향을 보이는 사람들에게는 많은 경우 결핍감과 열등감이 숨어 있다.

알프레드 아들러는 평생에 걸쳐 열등감과 극복이라는 주제를 탐구한 심리학자다. 그는 "열등감이 나타나는 바로 그 순간에 그의 정신적 삶의 과정이 시작된다"라고 말할 만큼 열등감을 인간 성장의 중요한 키워드로 삼았다. 이 감정은 유년기 때부터 시작되는데, 아이들은 부모나 어른의 도움 없이는 생존할 수 없을 만큼 연약하기 때문이다.

아이들은 자신의 연약함을 보상받기 위해, 그리고 부모로부터 늘 인정받고 사랑받기 위해 끊임없이 자신의 재능과 능력을 발전시키려 스스로를 자극한다. 아들러의 관점에서 해석해보면 엄마보다 더 맛있는 고등어조림을 만들려 부단히 노력했던 나의 행동도 열등감에서 시작되었다. 엄마에 비해 뒤떨어지는 요리 실력을 보상받고, 이를 위한 노력과 실력을 인정받고 싶다는 욕구가 나를 자극한 것이다.

이렇게 어릴 때부터 시작된 열등감은 그에 대한 보상 심리로 우월감에 대한 욕구를 불러일으킨다. 얼핏 열등감과 우월함은 반대 방향을 보고 있는 것처럼 보이지만, 사실은 동전의 양면처럼 하나의 몸을 가진 감정이다. 아들러는 결핍과 열등함

이라는 감정이 커질수록 우월감의 욕구가 나타난다고 해석했다. 즉 타인에 대해 우월한 것처럼 행동하는 사람에게는 결핍과 열등감이 숨어 있다는 것이다.

결핍에서 시작된 열등감은 인간을 지배한다. 지인 중에 성장 과정에서 형제와 달리 부모의 주목을 받지 못하고 비교당한 사람이 있다. 그의 열등감은 부모에게서 독립한 뒤에도 계속됐다. 자신의 결핍된 사랑을 보상받기 위해 끊임없이 자녀에게 1등을 강요했다. 자녀의 성공에서 대리 만족을 얻으려 한 것이다. 그 결과 그와 자녀 모두 열등감에 지배당하고 말았다. 어려운 생활환경에 대한 결핍이 쌓여 경제적으로 독립한 뒤 유난히 사치스러운 물건에 집착하는 친구도 있었다. 사실 주변에서 그런 사람을 찾을 필요도 없었다. 나조차 아버지가 세상을 떠난 이후 갑작스레 찾아온 결핍감을 물건을 사서 집안을 채우며 해소하던 시절이 있었다.

나를 발전케한 동력, 열등감

그러나 열등감이 부정적 영향만 가져오는 것은 아니다. 아들러는 열등감에 대한 보상이 바람직한 방향으로 발전할 수도 있다고 말한다. 보상이란 신체적 또는 정신적으로 부족한 점을 충족하기 위한 시도를 말한다. 자신의 결핍을 보상받기 위한 노력이 스스로를 발전시키는 원동력이 될 수 있다. 그렇게 열등감을 극복한 인간은 개인과 사회, 나아가 인류를 위해 협력하는 삶을 살아간다.

열등감을 남보다 부족하다는 절망이 아닌 스스로의 불완전성을 인정하는 것으로 승화시킬 때 우리는 비로소 자신이 서 있는 그 자리에서 더 나은 삶을 위한 새로운 도약을 시작하게 된다. 결국 중요한 것은 타인과 나를 비교함으로써 우월 또는 열등의 방식으로 나와 타인을 평가하는 것이 아니다. 내가 노력할 수 있는 것을 찾아 적극적으로 도전하는 '자기 긍정'이 발전의 원동력이 된다.

일본 영화 〈리틀 포레스트〉에는 계절마다 다채로운 음식이 등장한다. 그중 특히 인상 깊게 다가온 요리는 '감자빵'이었다. 주인공 이치코는 어릴 적부터 엄마가 구워주던 감자빵의 부드러운 질감과 포근한 맛의 비결을 무척 궁금해했다. 엄마는 스무 살이 되면 비법을 알려주겠다고 약속하지만, 그 전에 새로운 삶을 찾아 집을 떠난다. 주인공은 끝내 감자빵의 비결을 듣지 못한다.

몇 년 후 엄마가 떠난 빈집을 다시 찾은 주인공은 몇 번이고 감자빵을 구우며 엄마의 맛을 재현하려 노력한다. 몇 차례의 시도 끝에 그녀는 엄마의 맛을 가진 감자빵 대신 그것대로 맛있는 자기만의 감자빵 레시피를 완성한다. 그제야 엄마의 감자빵에서 벗어날 수 있게 된다. 자신의 독립된 삶처럼 음식에도 엄마와의 비교가 아닌 나만의 맛과 방식이 있음을 깨닫게 된 것이다.

이 에피소드가 와닿았던 건 나와 엄마의 이야기와 묘하게 닮았다는 생각에서였다. 여러 번의 노력에도 끝내 엄마보다 부족하다는 것을 인정해야 했던 나의 고등어조림 말이다. 나는 영화의 주인공과 달리 고등어조림 만들기를 회피한 채 여러 해를 보냈다. 여전히 자신이 없었기 때문이다.

대신 엄마보다 잘 만들 수 있는 음식들에 도전했다. 서양 음식이나 오븐을 사용하는 베이킹을 시도하면서 나만의 레시피를 새롭게 만들어갔다. 처음에는 쿠키나 머핀처럼 쉬운 과자를 구우며 시작한 베이킹은 점차 발효 빵과 케이크까지 범위를 넓혀갔다. 간단한 파스타로 시작한 서양 요리도 햇수를 거듭하며 복잡하고 난이도 있는 음식들로 발전해갔다. 영화 속 주인공과 닮은 상황에 놓였지만 그녀와는 다른 내 나름의 방식으로 엄마에게서 독립한 것이다.

나만의 맛

요리를 시작한 이래 들은 최고의 칭찬은 아버지가 했던 "참 맛 있다. 엄마가 해준 거랑 똑같다"라는 말이었다. 세상에 태어나 처음 맛본 엄마의 음식인 이유식부터 이제껏 수천수만 번을 먹어온 엄마의 음식은 맛과 영양소까지 모든 것이 완벽하다. 그런 엄마의 맛을 닮았다는 것은 가장 기분 좋은 찬사인 동시에 나는 절대로 엄마의 맛을 뛰어넘을 수 없다는 한계를 일깨워주는 말이기도 했다.

하지만 나는 아들러의 분석처럼 절대 이겨낼 수 없을 것 같은 부모라는 큰 벽을 뛰어넘기 위해 발버둥치지 않기로 했다. 그보다는 아직 미약할지라도 나만의 벽을 세우기 시작했다. 나를 더 단단하게 만들어줄 그 과정을 즐김으로써 비로소 열등감에서 벗어날 수 있었다.

나를 움츠러들게 만든 감정들로부터 독립한 이후, 때때로 고등어조림을 만들곤 한다. 살짝 삶은 두툼한 무를 냄비 바닥에 깔고, 손질한 싱싱한 고등어 토막을 얹은 후 양념장을 끼얹고 육수를 자작하게 부어 바글바글 졸여낸다. 모든 과정은 엄마에게서 배운 그대로지만 완성된 고등어조림의 맛은 여전히 엄마의 것과는 사뭇 다르다. 그러나 그 맛은 우열을 비교하는

'더 나은 맛'도 '더 못한 맛'도 아니다. 그저 '다른 맛'일 뿐이다. 고등어조림뿐 아니라 엄마에게서 내내 배워왔던 모든 음식들은 이제 더 이상 엄마의 맛을 흉내내지 않는다. 대신 나만의 맛을 품은 고등어조림을 만든다.

만약 아버지가 내가 만든 고등어조림을 지금 맛본다면 "엄마 것은 엄마 것대로, 네 것은 네 것대로 참 맛있구나"라고 말해주지 않을까.

고등어조림

1 무를 도톰하게 썰어 살짝 삶는다. 이렇게 하면 군내도 나지 않고, 무와 고등어가 딱 맞게 익는다.

2 파와 고추, 양파를 어슷하게 썰어둔다.

3 간장과 고추장, 다진 마늘, 청주, 설탕, 고춧가루, 다진 생강이나 생강술을 섞어 양념장을 만든다. 생선 요리에는 생강이 매우 중요하다. 적은 양이라도 생강을 넣으면 맛이 훨씬 깔끔해진다.

4 냄비에 무를 깔고 고등어를 올린 후, 양념장 절반을 끼얹고 물을 부어 중불로 끓인다. 엄마의 고등어조림을 이기고 싶을 때는 물이 아닌 다시 육수를 부어 끓이기도 했다.

5 국물이 반으로 졸면 나머지 양념장을 넣는다. 중간중간 끓는 국물을 고등어 위에 끼얹어가며 조린다.

이걸 먹고 나면 좋아질 거야, 곰탕

긍정　肯定　**affirmation**

내게 주어진 하루만이
전 생애라고 생각하니
저만치서 행복이 웃으며 걸어왔다.
―이해인

나를 치유하는 부엌

영화 〈매트릭스〉에서 주인공 네오는 자신이 인류를 구할 마지막 영웅인 '그The one'라는 막연한 믿음에 확신을 갖기 위해 예언자 오라클을 찾아간다. 혹시나 하는 믿음과 달리 네오와 마주한 오라클은 '그'가 아니라고 대답한다. 약간의 실망을 느끼는 네오를 위해 오라클은 오븐에서 갓 구워낸 쿠키를 내밀며 이야기한다.

　"이걸 먹고 나면 기분이 좋아질 거야."

쿠키를 먹은 네오의 기분은 정말 좋아졌을까. 그렇다면 쿠키 속에 기분을 밝게 해주는 특별한 무언가가 들어 있는 것일까. 아니면 오라클의 말 때문일까. 아마도 미래를 정확히 예측하는 오라클에 대한 강한 믿음과 신뢰가 영향을 미쳤을 것이다.

나도 어렸을 때 이와 유사한 경험을 여러 번 했다. 체하거나 배탈이 나서 배앓이를 할 때면 엄마는 늘 나를 침대에 눕히고는 따뜻한 손으로 배를 부드럽게 문지르며 '엄마 손은 약손'이라는 마법의 주문을 외웠다. 엄마의 손길이 몇 차례 왔다 갔다 하면 통증이 스르르 가라앉곤 했다. 아마도 세상에서 가장 신뢰하는 사람의 따스한 손길과 나를 안심시키는 차분한 목소리가 금방 나을 것이란 강한 믿음을 주었고, 그 긍정적인 믿음이 정말로 이루어졌을 것이다.

이렇게 의학적으로는 아무런 효력이 없는 약이나 치료법이지만 환자의 긍정적인 믿음만으로 치료와 같은 성과를 얻는 현상을 '플라시보 효과placebo effect'라 한다. 플라시보라는 단어는 '기분 좋게 하다'라는 라틴어에서 유래했다. 어느 날 밤, 프랑스에서 약국을 운영하던 약사에게 환자가 찾아왔다. 그는 시간이 늦어 병원에 가지 못했다며 대신 약을 지어달라고 부탁했다. 그러나 때마침 진통제가 떨어졌고 약사는 부탁을 거절했다. 환자는 통증이 너무 심하다며 다시 한번 간곡히 부탁했다. 약사

는 고민 끝에 진통 효과는 없지만 사람에게 해를 주지 않는 포도당을 처방했다. 놀랍게도 포도당 알약을 먹은 환자의 진통이 사라졌다. 약효가 있다고 철석같이 믿은 덕분이었다. 그래서 플라시보 효과를 다른 말로 위약僞藥 효과라고도 한다. 위약은 '가짜 약'이라는 의미다.

잘될 것이라는 의지가 만들어낸 자기 치유능력은 우리가 생각하는 것보다 훨씬 더 큰 힘을 가지고 있다. 이처럼 인간이 자의적으로 갖는 긍정적 마음은 삶 전반에 걸쳐 능동적이고 자기 주도적인 통제를 할 수 있는 힘으로 작용한다.

그런데 긍정적인 마음은 결코 저절로 만들어지지 않는다. 희망을 품고, 그 희망을 현실로 만들어가는 것은 우리 스스로의 의지다. 그 의지를 바탕으로 자신을 다독이면 우리 삶을 보다 나은 방향으로 이끌어나갈 수 있다. 긍정의 자세는 아픈 이의 증상을 호전시키기도 하고, 보잘것없는 환경에서도 희망을 키우고 변화할 수 있게 해주며, 재주가 없어도 비관하지 않고 요령을 길러 능력을 펼칠 기회를 주기도 한다.

이때 긍정의 마음을 갖도록 자극하는 기폭제 역할을 하는 것이 위약, 즉 가짜 약이다. 영화 〈쇼생크 탈출〉에서 주인공은 탈옥을 위해 19년이라는 긴 세월 동안 작은 조각용 망치로 굴을 판다. 영화 〈해리 포터와 혼혈 왕자〉에서는 운동에는 재능이 전혀 없는 론이 퀴디치 경기에서 행운의 묘약을 먹고(사실은 먹지 않았으며, 먹었다는 해리의 말을 믿었을 뿐이다) 모든 공을 막아낸다. 이들이 원하는 대로 이뤄낸 것은 목공용 망치나 행운의 묘약이 가진 힘이 아니다. 해낼 수 있다는, 해내고 싶다는 강한 '희망'과 '의지'였다. 망치와 묘약은 여기에 불을 지피는 원동력이었다.

"이거 다 먹고 나면 엄청 튼튼해진다"

나의 초등학교 생활을 떠올리면 화장실보다 양호실을 더 자주 갔을지도 모르겠다. 워낙 몸이 약한 탓에 골골거리기 일쑤였고, 병원과 한의원을 제집처럼 드나들었으니 말이다. 엄마는 그런 나를 위해 매일같이 한약을 달였다. 예전 한약은 요즘처럼 팩에 담겨 간편하게 먹을 수 있는 게 아니라 종이에 싼 한약재를 약탕기에 넣고 하루 종일 달여 면포에 걸러 꼭 짜내야 했다. 그렇게 정성 들인 약이었지만 어린아이가 먹기에는 맛이 고통스러울 만큼 써서 한 모금 먹는 것도 고역이었다.

　힘들어하는 나를 위해 엄마는 한 대접이나 되는 한약을 직접 수저로 떠먹였다. 한 손에는 약을 뜬 수저가, 다른 한 손에는 막대사탕이 들려 있었다. 약을 한 숟갈 먹을 때마다 막대사

탕도 한 번씩 입에 물려주곤 했다. 엄마의 정성과 애틋함 덕분에 얼마 지나지 않아 직접 한약 사발을 들고 꿀꺽꿀꺽 넘길 수 있게 되었다. 덕분에 통통하게 살이 올라 양호실에 가는 일도 부쩍 줄었다.

당시 엄마가 한약만큼이나 정성을 들였던 것은 곰탕이었다. 늦가을이 되어 날이 쌀쌀해지는 11월경이면 엄마는 사골이나 우족을 한나절 동안 뭉그러질 정도로 푹 고았다. 커다란 들통 가득 진하게 고아낸 국물을 하룻밤 바깥에 놔두면 아침에 국물 위로 하얗게 굳은 기름이 떠 있었다. 그 기름을 말끔히 걷어내면 진하게 우려내 젤리처럼 탱탱하게 굳은 곰탕이 뽀얀 빛깔을 드러냈다.

하루를 꼬박 들여 완성한 곰탕의 맛을 싫어한 것은 아니었다. 하지만 아이의 입맛에는 그저 밍밍하고 기름진 맛이었다. 게다가 한번 끓일 때면 축구팀 급식으로도 모자라지 않을 만큼 많은 양을 만들었으니, 먹는 것을 좋아하지 않던 내게 곰탕은 물릴 만큼 지겨운 음식에 지나지 않았다. 몇 끼니에 걸쳐 곰탕이 상에 오르면 쳐다보지도 않고 애꿏은 쌀밥만 깨작거리느라 도통 밥이 줄지 않을 정도였다.

그럴 때면 엄마는 한 숟갈이라도 곰탕을 더 먹이겠다며 다양한 시도를 했다. 느끼하지 않도록 잘 익은 포기김치 국물을 살짝 섞어주기도 했고, 밥을 말아 크게 한 수저를 떠서 그 위에 쪽쪽 찢은 신김치를 얹어 먹이기도 했다. 그래도 잘 먹지 않을 때면 최후의 수단으로 당면을 넣어 후루룩 면을 먹는 재미를 곁들여 주곤 했다.

그조차도 먹기 싫어 한참을 휘적거리다 보면 결국 곰탕 속 당면은 퉁퉁 불고 국물은 줄어들어 있었다. 그런 내 모습에 엄마는 얼마나 애가 탔을까. 허약한 딸을 위해 긴 시간을 공들여 만들었는데 먹지 않으려 버티는 고집이라니. 그럼에도 엄마는 국 한 대접을 모두 먹을 때까지 내 옆에 앉아 떠먹여주고 김치를 찢어 숟갈 위에 얹어주었다. 내가 한 숟갈을 먹을 때마다 엄마가 잊지 않고 말해주는 주문이 있었다.

"아이고, 우리 딸 건강해진다. 이거 다 먹고 나면 엄청 튼튼해진다."

한 수저라도 더 먹이기 위한 엄마의 추임새는 나에게 무엇보다 강력한 플라시보였다. 질려서 먹기 싫은 곰탕을 억지로라도 먹을 수밖에 없었던 건 온 마음을 다해 '건강해진다'라며 나를 응원한 엄마의 주문이 큰 역할을 했기 때문이다.

곰탕이 높은 열량에 비해 몸보신이 될 만한 영양소가 부족하다는 것은 이제 널리 알려진 사실이다. 그럼에도 오랜 시간을 들여 만든 곰탕을 숙제하듯 며칠에 걸쳐 먹고 나면 신기하게도 '건강해진다'라는 엄마의 주문이 통한 것처럼 식욕이 돌았다. 무슨 음식을 먹어도 맛있게 느껴졌다. 먹는 것을 즐기게 되니 자연스레 살이 올랐고, 예전보다 몸의 기운이 강하게 솟구치는 것 같았다. 초등학교 저학년까지만 해도 "약하다"라는 말을 지겨울 만큼 많이 들었던 나는 어느 순간부터 나의 심사를 건드리는 묘사에서 벗어나게 되었다.

월요일 아침 애국조회 시간이면 운동장에서 쓰러질 듯 비틀거리던 아이는 별 탈 없이 어른이 되었다. 나의 건강이 오롯이 어릴 적 달고 살았던 곰탕 덕분이라고 할 수는 없다. 하지만 엄마의 밥상이 없었다면 나는 지금처럼 건강하지 못했을 것이다. 엄마는 모든 끼니를 최선을 다해 가장 좋은 음식으로 만들었다. 정성 가득한 엄마의 밥상 덕분에 우리 가족은 건강한 모습으로 함께할 수 있었다. 그리고 곰탕은 엄마의 손끝에서 탄생한 모든 밥상을 상징하는 나의 소울 푸드였다.

지금도 추운 날이면 곰탕을 끓인다

아무리 부인하려 해도 우리의 가치관, 사소한 습관과 식성 등 모든 것은 자신의 성장 환경에서 시작된다. 나는 코끝을 찡하게 만드는 바람결이 느껴지는 11월 하순이 되면 과거의 엄마가 그 랬던 것처럼 곰탕을 끓인다.

어깨너머로 보고 배운 엄마의 방법대로 깨끗하게 씻은 뼈를 끓여 첫 물은 버리고, 다시 물을 부어 뼈가 무를 때까지 끓 인다. 그러기를 두 차례, 혹시나 못 다 우려낸 것이 있을까 아쉬 워 한 번 더 우려낸 세 번째 국물은 떡국이나 만둣국을 끓일 때 사용하기 위해 따로 보관한다. 엄마가 그랬던 것처럼 하룻밤 밖 에 내놓아 단단히 굳은 채 떠 있는 기름까지 거둬내면 비로소 곰탕이 완성된다. 뽀얀 국물을 보글보글 끓여 커다란 놋그릇에 담고 그 위에 다진 파를 얹어 잘 익은 김치와 함께 차려 낸다.

남편은 정갈하게 차려낸 곰탕에 김칫국물을 부어 휘휘 저은 다음 밥 한 공기를 뒤집어 털어 넣는다. 쓱쓱 만 밥에 김치 를 올려 보는 사람마저 군침이 넘어갈 만큼 맛있게 후루룩 곰탕 을 넘긴다. 아들은 깨작거려 엄마의 애를 태웠던 나와 달리 하 얀 곰탕 국물을 호로록 잘도 먹었다. 나의 엄마처럼 당면이라는 특효약을 쓰지 않아도 된다. 대신 녀석은 입이 짧아 질긴 나물 이나 고기를 씹지 않은 채 한참 동안 물고 있어 나를 고생시켰 다. 그럴 때면 나도 우리 엄마가 외웠던 주문을 되뇌곤 했다.

그래서일까, 턱선이 뾰족했던 어린이는 지금 살이 오동 통하게 오른 청소년이 되었다. 엄마가 내게 건 주문의 플라시보 효과는 내가 아들에게 걸어도 여전한 힘을 자랑할 만큼 강력했다. 그 강력함은 엄마의 주문 대로 건강해지겠다는 나의 긍정적인 믿음이 더해진 결과다. 나의 아들 또한 내가 끓인 곰탕과 함께 건강히 자라겠다는 믿음을 먹으며 성장했으리라. 슬며시 찬바람이 불어오는 요즘, 나는 커다란 들통 가득 곰탕을 끓인다. 그리고 진한 국물을 대접에 담으며 마법의 주문을 걸 듯 온 마음을 담아 기도한다.

"이 음식을 먹는 우리 가족 모두에게 건강과 행복이 함께 하기를."

곰
탕

1 뼈와 사태, 힘줄 부위는 물에 담가 핏물을 뺀다. 나는 곰탕에 들어갈 재료로 꼬리와 사골을 함께 쓴다. 찬물에 담가두면 핏물은 두세 시간이면 충분히 빠진다고 엄마가 가르쳐주었다.

2 핏물을 뺀 뼈를 냄비에 넣고 뼈가 모두 잠기도록 물을 부어 한 번 우르르 끓여낸다. 그렇게 끓인 첫 물은 불순물이 많으므로 무조건 버린다. 뼈와 냄비는 한 번 더 깨끗하게 씻어 기름과 불순물을 제거한다.

3 깨끗한 냄비에 깨끗한 뼈를 넣고 다시 물을 가득 부어 오랫동안 푹 우려낸다. 이때 사태와 힘줄도 함께 넣고 삶는다.

4 처음 고아낸 국물을 커다란 들통에 옮겨 붓고, 사태와 힘줄은 먹기 좋은 크기로 찢거나 잘라둔다. 다시 물을 받아 오래오래 삶는다.

5 두 번째 곤 국물을 또다시 들통에 옮겨 붓는다.

6 내 경우 세 번까지 국물을 고는데, 세 번째 국물은 따로 냉동시켜 두었다가
   찌개나 떡국, 만둣국 등을 만들 때 사용한다.

7 들통에 가득 찬 곰국은 바로 먹지 않고 추운 날 바깥에 하룻밤 놔둔다. 아침
   에 뚜껑을 열면 기름이 하얗게 굳은 채 떠 있다. 이걸 모두 걷어내면 젤리
   처럼 굳은 우윳빛 곰탕이 모습을 드러낸다.

8 그때그때 먹을 만큼 작은 냄비에 덜어 다진 마늘을 넣고 끓인다. 찢어놓았
   던 고기와 힘줄, 송송 썬 대파를 얹어 밥과 잘 익은 김치나 깍두기와 함께
   먹는다.

chapter 2

패러독스

Paradox

전쟁과 삼계탕

후회 後悔 regret

여섯 살에 아버지를 여의고 홀어머니 밑에서 가난하고 힘든 시절을 보냈던 아버지는 결혼 이전 당신의 과거에 대해 거의 이야기한 적이 없었다. 내게 있어 아버지의 과거란 '엄마와의 결혼 이후'의 시간부터 존재하는 것 같았고, 그 이전의 이야기는 엄마를 통해 어쩌다 한 번씩 전해 들은 것이 전부였다.

　　세월이 흐르고 성공을 하게 되면 무용담처럼 힘겨웠던 과거 이야기를 꺼낼 법도 한데, 아버지는 도무지 그럴 생각이 없어 보였다. 아마도 그땐 그랬다며 추억으로 여기기엔 너무도 버거웠던 시간이 아니었을까 짐작할 뿐이다. 그런 아버지가 유일하게 옛이야기를 풀어놓는 순간이 있다. 바로 삼계탕을 먹는 날이다.

과거와는 연을 끊은 듯 살았던 아버지는 삼계탕만 앞에 놓이면 먼저 옛이야기를 꺼내곤 했다. 그 모습이 마치 반주 한 잔 걸치고 습관처럼 오만 가지 경험담을 늘어놓는 동네 어르신 같았다. 이미 여러 차례 들어온 똑같은 이야기지만 감정을 가득 실어 말하는 아버지의 목소리에 나는 처음 듣는 것처럼 눈을 반짝이며 귀를 기울이곤 했다. 아마도 비밀에 싸인 아버지의 새로운 과거를 알게 될지도 모른다는 기대감과 듣고 또 들어도 그저 좋았던 설렘이 공존했던 것 같다.

아버지는 대학에 입학하며 시골에서 서울로 상경했다. 하지만 설렘과 부푼 꿈을 안고 시작한 대학 생활은 그리 오래 가지 못했다. 당시 베트남 전쟁이 발발해 징집 대상이었던 대학 동기들 대부분이 전쟁터로 떠나 학교는 을씨년스럽기까지 했다. 더 이상 캠퍼스의 낭만도, 학업의 꿈도 키울 수 없던 아버지는 결국 친구들을 따라 자원했다고 한다.

아버지의 입대 전날, 할머니는 끔찍이도 사랑하는 둘째 아들을 위해 없는 살림에도 닭 한 마리를 구해 가마솥에 푹 끓인 삼계탕을 고봉밥과 함께 차려냈다. 워낙 형편이 어려웠기에 평소 같았으면 이게 무슨 호사냐 하며 순식간에 한 그릇을 비웠을 터였다. 하지만 전쟁에 대한 두려움, 죽음에 대한 공포, 그리고 너무도 애잔한 어머니와의 이별의 감정이 혼란스레 뒤섞였다.

　　몇 시간을 푹 달여 입안에서 스르르 녹아야 할 닭고기가 마치 모래알을 씹는 것 같아 한술 한술 넘기는 것조차 힘들었다. 하지만 아들을 위해 거금을 들여 정성스럽게 차려낸 한상을 물릴 수는 없는 노릇이었다. 그렇게 고기를 꾸역꾸역 넘기다 보니 속이 거북해져 도저히 먹을 수 없는 지경이 되었다. 결국 아버지는 끝내 남은 것을 입에 넣어주려는 할머니를 만류하고 닭 다리 한쪽을 남긴 채 집을 떠났다.

　　아버지는 전쟁터에서 피폐해진 정신과 망가져버린 육신으로 하루하루를 겨우 버티며 살았다. 생사를 넘나드는 하루를 마치고 지친 몸을 둥글게 말아 침상에 누우면 어김없이 입대 전 마지막 날 어머니가 차려준 삼계탕, 자신이 뿌리치고 온 닭 다리 한쪽이 떠올랐다. 왜 그 한쪽을 남겼을까. 닭 다리 한쪽도 성찬처럼 여길 만큼 배고프고 굶주린 전쟁터여서이기도 했지만, '그날 마지막 닭 다리까지 다 먹고 떠났다면 어머니가 조금은 마음이 편했을 텐데, 얼마나 안타깝고 슬펐을까' 하는 후회와

죄책감에 괴로워했다.

할머니가 세상을 떠난 뒤 아버지의 삼계탕 이야기는 한층 더 애절해졌다. "아, 어머니가 그렇게도 먹이려고 했던 다리 한쪽을 대체 왜 뿌리쳤을까"라고 말하며 무릎을 칠 때마다 아버지의 슬픔이 고스란히 느껴졌다. 절망과 안타까움이 가득한 아버지의 표정에서 이제는 세상에 없는 당신의 어머니를 향한 죄책감이 얼마나 깊은 상흔으로 남아 있는지 짐작할 수 있었다. 삼계탕의 남은 다리 한쪽이 아버지에게 가져다준 고통은 배고 픔이 아닌 정신적 허기, 후회와 죄책감이었다.

과거로 돌아가면 달라질까

삶이란 한 걸음 내디딜 때마다 눈앞에 수많은 갈림길이 펼쳐지는 복잡다단한 과정이다. 때문에 우리는 하루에도 수십 번씩 크고 작은 선택을 한다. 무얼 먹을지, 저 멀리서 오는 버스를 타기 위해 달릴지 말지와 같은 본능적이고 단순한 선택부터 결혼과 진로 같은 삶 전체에 영향을 미칠 만한 중대한 선택까지. 우리 삶의 모든 순간은 선택의 연속이다. 그리고 시간이 지나 우리는 과거를 되새김질하며 자신의 선택을 평가한다.

선택의 결과는 시간이 지나야 알 수 있다. '그때 다른 쪽을 선택했다면 더 좋았을 텐데'라는 생각이 든다면 선택의 결과는 후회다. 반대로 '그때 그렇게 선택하길 잘했어'라는 마음이라면 선택의 결과는 만족이다.

이상하게도 후회와 자책은 우리를 너무 잘 따라다닌다. 후회의 기억은 만족의 기억보다 훨씬 선명해 우리를 더욱 아프게 만든다. 그럴수록 후회를 곱씹으며 스스로를 학대하는 시간도 늘어난다. 선택을 되돌릴 수 없다는 걸 알면서도 마음 한구석에서 '그때 다른 선택을 했다면 지금보다 나아졌을까?'라는 의문을 되풀이하는 것이다. 이 고통스럽고 불편한 의문은 마음의 허기만 더할 뿐이다.

매 순간 선택에서 선택으로 연결된 삶을 살아가는 인간에게 다른 선택이 가져올 또 다른 결과에 대한 미련과 동경은 떼놓을 수 없는 감정이다. 〈이터널 선샤인〉은 후회와 새로운 선택에 관해 이야기하는 영화다. 한때 너무도 사랑했던 연인은 관계가 어긋나고 있음을 느낀다. 그럴 때마다 자신을 후회하게 만든 선택을 했던 시점으로 시간을 돌려 그 기억을 지워버린다. 후회를 가져가는 대신 다른 선택을 하는 것이다. 영화는 서로에 관한 안 좋은(후회하는) 기억을 지워버린 두 사람의 새로운 삶이 전개되는 과정을 보여준다. 후회를 반복하던 주인공들은 어느새 서로를 만나기 전까지의 기억만 남기고 연인에 관한 모든 기억을 지운다. 그렇게 함으로써 옛 연인과 얽히지 않은 완벽히 다른 삶을 살 것이라 기대한다. 하지만 운명적인 이끌림에 의해 결국 그들은 또다시 사랑을 시작한다.

후회 대신 다시 시작하는 상상을 보여주는 이 영화가 이야기하고자 하는 것은 하나다.

'다시 시작하면 과연 다를까?'

지금의 길이 아닌 다른 길을 선택했더라도 과정에서의 작은 차이는 있을지언정 거대한 운명의 흐름은 같은 결과로 우리를 이끈다. 선택은 우리의 무의식 속 이끌림을 따라가는 행위이기 때문이다. 따라서 결국 시간을 돌린다 해도 우리는 같은 선택을 하게 된다.

후회하는 사람은 두 배로 불행하다

〈이터널 선샤인〉이 던지는 메시지는 스피노자의 철학에서 더 구체적으로 엿볼 수 있다. 스피노자는 자연이라는 전체 속에서 인간은 하나의 미약한 개체에 불과하므로, 자연의 섭리에 따라 이미 운명이 결정된 존재라고 믿었다. 그러므로 어떠한 시점에 하나의 행위나 선택으로 운명이 바뀌지는 않는다고 생각했다.

우리는 나의 선택이 스스로의 이성과 의지의 결과라고 생각하지만 사실은 우리의 무의식에 이끌려 자신도 모르게 한 행위다. 어떻게든 그때의 선택을 할 수밖에 없는 것이다. 그러니 다른 선택을 아쉬워하는 후회는 감정 소모에 지나지 않는다. 스피노자는 "후회를 하는 사람이라면 누구든지 두 배로 불행하고 두 배로 무능하다"라고 말했다.

스피노자의 관점에서 우리의 선택이란 이성적으로 경우의 수를 고려할 수 없는 그저 유일한 길인 셈이다. 그렇다면 시간을 돌려도 어차피 같은 길을 택할 테니 과거의 내 행위에 집착하며 끊임없이 자신을 괴롭힐 필요가 없다. 그보다는 미약하고 부족했던 그때의 나에게 안부를 묻고 다음에는 더 나은 선택을 하는 계기로 삼아야 한다.

"내일 지구의 종말이 올지라도 나는 한그루의 사과나무를 심겠다"라던 스피노자의 말처럼 후회에 얽매이기보다 지금의 삶과 운명을 담담하게 받아들이고 사랑해보자. 그것이 삶을 긍정하는 방식이다.

만일 아버지가 다시 입대 전날의 상황으로 돌아간다면 과연 삼계탕 한 그릇을 깨끗하게 비웠을까. 그때의 아버지는 자식을 생각하는 할머니의 애절한 마음보다 전쟁터로 떠날 당신

의 불안한 미래에 대한 걱정이 앞서 있었다. 맛있는 음식을 음미하며 배를 채울 여유가 없었던 것이다. 모든 생각의 연결고리가 전쟁터와 얽혀 있는 상황에서 아버지가 닭 다리 한쪽을 남긴 건 그럴 수밖에 없었기 때문이다. 또다시 그날을 후회하게 되더라도 아버지는 여전히 다리 한쪽을 먹지 못한 채 집을 나서지 않았을까.

후회까지 껴안는 성숙함으로

이제 우리는 지나간 일에 대한 후회와 미련 대신 당시 미숙한 판단을 내린 그때의 나를 관조하고 성찰할 수 있을 만큼 성숙해진 지금의 나에게 감사해야 한다.

총성이 울리고 삶과 죽음이 공존하는 전쟁터에서 오직 생존을 위한 삶을 살던 아버지는 '무사히 살아 돌아간다면 꼭 어머니가 차려준 음식을 남김없이 맛있게 먹겠다'라고 다짐했다. 아버지는 과거에 대한 후회 대신 어머니에게 효도하겠다는 미래의 희망을 품기로 한 것이다. 그 다짐은 죽음과 마주하는 전쟁터에서 아버지에게 삶에 대한 희망을 품게 만드는 자극제가 되었다.

무사히 제대해 집으로 돌아온 아버지는 마음먹은 대로 할머니가 돌아가시는 순간까지 평생을 효도했다. 할머니에게만이 아니라 누가 되든 상대의 감정과 마음을 먼저 살폈다. 과거에 대한 후회와 죄책감을 성찰과 반성, 그리고 성숙을 위한 발판으로 삼은 아버지의 삶은 스피노자가 추구하는 삶에 대한 긍정과 맞닿아 있다.

세월은 속절없이 흘러 그리도 아버지를 사랑했던 할머니도, 딸을 무척이나 아꼈던 아버지도 이제는 만날 수 없다. 부모와 이별하고 나면 잘해주지 못한 일들이 지워지지 않는 낙인처럼 가슴에 남아 후회와 죄책감으로 고통받는다고 한다. 그런데 신기하게도 나와 아버지의 사이에는 후회라는 감정이 쌀 한 톨만큼도 남아 있지 않았다. 어느 날 갑자기 이 사실을 깨달은 나는 무척 놀랐다. 우리 부녀가 서로에게 후회할 만한 행동을 한 번도 하지 않았기 때문은 아니었다. 아버지는 나의 철없는 행동이 서운해도 그럴 수밖에 없을 것이라며 이해해주었다. 나는 그 배려와 이해 덕에 아버지와의 관계에 있어서만은 후회에 얽매이지 않을 수 있었던 것이다.

가만히 앉아 있어도 땀이 쪼르륵 흐르는 삼복더위가 찾아오면 어김없이 삼계탕을 끓인다. 하지만 내 손으로 직접 삼계탕을 끓이기 시작한 건 결혼해 아들을 낳고 난 이후였으니 그리

오래된 일은 아니다. 어릴 적 시장에서 살아있는 닭을 잡는 생생한 현장을 직접 목격한 이후 닭으로 요리를 하는 것은 물론이요, 오랫동안 닭을 먹지도 못했다. 그만큼 닭에 대한 공포감을 가지고 있던 내가 큰 용기를 내어 복날에 삼계탕을 끓이기 시작한 이유는 후회하고 싶지 않아서였다. 복날이면 남들 다 먹는 삼계탕 한 그릇, 그 흔한 치맥도 나로 인해 가족 모두가 즐기지 못했다는 후회를 남기기 싫었던 것이다.

여러 해를 거치며 이제는 제법 익숙해진 손놀림으로 생닭을 손질하고, 불린 찹쌀과 대추로 든든히 배 속을 채운 다음 한방 재료를 넣어 푹 달인 삼계탕을 만든다. 그런 날이면 할머니를 추억하는 아버지의 모습이 떠오른다. 이내 나직한 목소리로 내게 속삭이는 것 같다. "후회를 남기지 않는 삶을 살아. 설령 후회할 일을 했더라도 그건 네 잘못이 아니야. 다음에 더 잘 살면 돼"라고. 삼계탕은 내게 아버지의 과거를 들여다보게 해주는 통로이자, 삶을 성찰하고 긍정하는 다짐이다. 물론 나와 우리 가족의 몸의 기력을 보충해주고 헛헛한 마음을 채워주는 음식이기도 하다.

나를 치유하는 음식。

recipe 06

삼
계
탕

1 중닭 크기의 닭은 날개 끝부분과 지방이 많은 꼬리를 잘라내 손질하고, 물
   로 깨끗하게 속과 겉을 씻는다.

2 닭 속에 불린 찹쌀과 통마늘, 대추를 채우고, 다리를 꼬아 실로 묶어 내용
   물이 빠지지 않도록 한다.

3 압력솥에 닭을 넣고 물을 부은 뒤, 불 위에 올린다. 솥의 추가 올라오면 약
   불로 줄여 10~15분간 더 끓인다.

4 완성된 닭 위에 송송 썬 대파를 올리고, 간은 각자 소금으로 맞춘다.

5 깔끔한 육수를 원하면 물을 사용하고, 좀 더 진하고 향이 깊은 육수를 원하
   면 황기 등의 약재를 넣고 끓이면 된다. 엄마는 여기에 몸이 약한 나를 위
   해 전복을 함께 넣어 끓여주기도 했다.

인생에도 베이킹처럼 공식이 있다면

불안　不安　anxiety

> 한 조각의 구름이면
> 태양을 덮기에 족하다.
> ─영국 속담

불안은 평생토록 인간과 함께하는 일반적이고 흔한 감정이다. 그만큼 우리 삶과 무척이나 밀착되어 있다. 불안을 일으키는 주된 요인은 생애 주기에 따라 조금씩 달라진다. 어린아이들의 경우 '엄마로부터 사랑받지 못하는 것'에 대한 두려움이 대부분이다. 잘못을 저질렀을 때 혹시나 엄마에게 야단맞지 않을까, 행여 엄마가 나를 사랑하지 않으면 어쩌나 하는 것들이다. 시간이 흐르면서 성적이나 친구 관계, 이성 문제, 경제적 문제와 건강에 대한 염려 등 불안의 소재는 늘 다른 모습으로 우리 앞에 펼쳐진다. 그리고 우리는 불안에 대한 두려움을 삶의 일부분으로 받아들이며 살아간다.

이처럼 불안을 낳는 요인은 매우 다양하지만, 그 모든 것의 저변에 깔린 근본적인 원인은 결국 하나다. 우리는 아직 일어나지 않은 일들에 대해 많은 걱정을 하지만, 누구도 미래를 알 수 없다는 사실이다. 본래 인간은 지극히 주관적이며 예측이 힘든 존재다. 여기에 미래의 불확실성까지 더해져 기대했던 것과 조금이라도 다른 방향으로 흘러가는 상황을 맞닥뜨리면 공포를 느낀다. 마치 여러 갈래의 길이 펼쳐진 복잡한 미로 한가운데서 어느 방향으로 가야 할지 몰라 한 발자국도 떼지 못하는 것 같은 기분이다.

이럴 때면 인생에도 공식이 있었으면 좋겠다는 생각이 든다. 공식을 따라 숫자를 대입해 풀기만 하면 명쾌한 답이 나오는 수학 문제처럼 인생도 단순하고 정확하게 움직이면 얼마나 좋을까 하고 말이다. 내 생각과 행동도, 관계를 맺는 타인의 행동도, 그 행동이 차곡차곡 쌓인 결정체인 지금의 인생도 주어진 상황마다 적용할 수 있는 공식이 필요하다. 제대로 숫자를 대입하기만 하면 원하는 결과를 얻을 수 있는 《인생의 정석》 같은 개념서가 있다면 삶의 무게가 조금은 가벼워지지 않을까.

불안했던 신혼, 내게 위안을 준 베이킹

처음 빵을 구운 것은 결혼하고 얼마 지나지 않아서였다. 이른 아침 빵 가게에서 솔솔 풍기는 버터 향 진한 빵 냄새와 진한 커피 향의 하모니. 여기에는 아침밥 짓는 시간 부엌 창문을 통해 올라오는 아랫집의 흰밥과 구수한 찌개 냄새와는 다른 마력이 있다. 영화 〈카모메 식당〉은 핀란드 헬싱키 길모퉁이에 새로 생긴 작은 일식당 이야기다. 일본 가정식을 파는 그곳은 문을 연 지 한참이 지나도록 손님이 오지 않는다. 어느 날 식당 주인 사치에는 느닷없이 메뉴에도 없는 시나몬 롤을 굽는다. 그러자 그곳을 지나던 핀란드 사람들이 달콤한 계피 향에 홀린 듯 이끌려 식당으로 들어온다. 빵 굽는 냄새에는 꽉 닫힌 마음도 무장 해제시키는 매력이 있다.

　　고소하고, 달콤하고, 부드러운 빵 냄새도 좋지만 내가 베이킹을 동경한 것은 정확한 계량으로 오차 없이 만들어내는 음식이기 때문이었다. 집밥이나 여러 음식에도 계량화된 요리법이 있지만 만드는 사람의 입맛과 취향에 따라 짠맛, 신맛, 매운맛, 단맛 등을 조절해 얼마든지 변주할 수 있다. 하지만 제과 제빵의 생명은 계량이다. 정확한 양과 시간, 온도 등을 따르지 않으면 뻣뻣한 과자, 떡처럼 찐득하게 가라앉은 빵을 먹어야 한다. 이 말은 요리법만 확실하게 따라 하면 실패가 없다는 뜻이기도 하다.

사실 신혼 시절의 나는 불안함에 휩싸여 있었다. 사랑하는 사람과 같은 공간에서 함께할 수 있는 설렘도 잠시, 이제부터는 스스로 모든 것을 꾸려가야 한다는 불안감이 마음 한구석에 자리를 차지했다. 남편과의 장밋빛 미래를 꿈꾸면서도 왜인지 원인을 알 수 없는 두려움을 느끼곤 했다.

게다가 생각지도 못한 문제와 맞닥뜨리며 나의 불안은 점점 커졌다. 하나부터 열까지 우리의 사고방식과 취향, 철학이 제법 잘 어울린다고 믿었던 내 생각이 완벽하게 무너진 것이다. 남편과 나는 처음부터 끝까지 맞는 것이 없었고 어디서부터 단추를 다시 채워야 할지 혼란스러웠다. 사소한 것부터 부딪히며 맞춰가야 했고 그 과정에서 크고 작게 투닥거리는 게 신혼의 일상이었다. 그러다 보니 이 사람과 남은 인생을 평화롭게 살아갈 수 있을까 하는 의구심도 들었다.

우리 두 사람의 가장 큰 문제는 식성이었다. 양가의 식성이 너무 달랐던 탓에 대부분의 음식 취향이 맞지 않았다. 기본적으로 밥부터 호불호가 갈렸다. 나는 다양한 잡곡을 섞어 지은 밥을 선호했고 남편은 흰 쌀밥을 좋아했다. 담백하게 요리한 친정엄마의 음식에 깃들여진 나와 달리 남편은 자극적인 음식을 즐겨 먹었다. 가끔 내 입맛에 맞춰 된장국을 담백하게 끓여내면 남편은 자신도 모르게 시어머니의 된장찌개와 비교하며 내 자존심을 건드렸다. 그러다 사소한 싸움으로 번지는 경우도 있었다.

아마도 베이킹을 시작한 것은 그런 생활들이 반복되던 시기였을 것이다. 무엇 하나 내 맘처럼 정확히 움직여주지 않으니 아주 작은 일에도 '이렇게 하는 게 맞을까?' 하는 의문을 던져야 했다. 매 순간 아슬아슬한 불안의 줄 위를 걷던 그때 베이킹은 내게 위안을 주었다. 고민하고 불안해할 필요 없이 계량을 따르기만 하면 달콤한 향을 집안 가득 채우는 맛있고 예쁜 과자를 만들 수 있었으니까.

무엇보다 케이크와 과자는 입맛의 간극을 걱정할 필요가 없었다. 어떤 것을 구워도 호불호 없이 남편과 나 모두 맛있게 먹을 수 있었다. 과자를 구워낼 때마다 남편은 나를 기특하고 대견하게 여겼고, 나는 내 손에서 이렇게 살살 녹는 맛있는 과자가 만들어졌다는 사실이 마냥 신기했다. 그래서 나는 잠시 불안을 내려놓고 달콤함에 나를 담가놓기 위해 베이킹의 시간을 즐겼다.

그때부터 우리 집 오븐은 하루도 쉬는 날이 없었다. 간단하고 쉽게 만들 수 있는 쿠키부터 마들렌, 머핀, 파운드케이크, 그리고 남편을 위해 만든 밸런타인데이 초콜릿 케이크까지 다양한 과자를 구웠다. 아침에 눈 뜨는 순간부터 오늘은 어떤 과자를 구울지 고민하며 하루를 시작할 정도였다. 베이킹의 시간이 늘어날수록 베이킹파우더 1g의 차이, 버터 5g의 차이가 완전히 다른 맛과 향, 질감을 가져온다는 것을 확인할 수 있었다. 동시에 정확한 계량이 가져다주는 완성도 높은 결과물은 안정감이란 자극을 주었고 또 다른 시도로 이어졌다.

과학적 계량과 경험적 감각 사이에서

행동주의는 복잡하고 예측 불가능한 삶에서 명쾌함을 원하는 이들의 목마름을 해소해주는 심리학 분야다. 행동주의는 눈으로 관찰할 수 없는 관념이 아닌 관찰이나 실험 등 검증 가능한 것들만 사실로 인정하는 실증주의의 영향을 받았기 때문이다. '무의식'이나 '자아'처럼 눈에 보이지 않는 개념을 탐구하는 프로이트의 정신분석과 달리, 행동주의는 통제된 과학적 환경과 객관적 분석을 통해 인간의 행동과 성격을 변화시킬 수 있다고 생각하는 학문이다.

　　요리를 할 때도 경험이 많지 않으면 '이만큼'이나 '적당히' 같은 정확한 개념을 알 수 없고, 객관적 측량을 할 수 없는 모호한 언어는 혼란을 주곤 한다. 거기에 '정성을 다하면 음식이 맛있다'라거나 '사랑을 더하면 음식의 맛이 달라진다'는 식의 표현 또한 당장 미역국 2인분을 끓이려면 얼만큼의 미역을 몇 분 불려야 하는지, 된장찌개를 끓이려면 물 몇 밀리미터에 된장을 몇 수저 풀어야 하는지조차 어려운 이들에게는 다른 세상의 이야기로밖에 들리지 않는다. 그 순간 그들에게 절실하게 필요한 건 실질적인 것, 정확한 계량과 정확한 조리 시간이다.

행동주의 심리학은 철저하게 과학적으로 접근한다. 인간의 감정과 행동은 어떤 환경에서 어떤 경험을 했는지에 따라 설명과 예측이 가능하다고 생각한다. 따라서 행동의 원인이 되는 환경을 조정함으로써 불확실성을 최소화하고 원하는 행동과 성격을 만들 수 있다고 믿는다. 대표적인 행동주의 심리학자 스키너는 행동의 주체가 어떠한 행위를 할 경우, 그에 대한 '강화'를 제공함으로써 행동의 변화를 가져올 수 있다고 설명했다. 강화란 특정 행동의 발생 빈도를 증가시키기 위해 사용하는 모든 것을 말한다.

시험을 잘 본 아이에게 원하는 물건을 사주는 것은 물질적 강화다. 같은 상황에서 아이를 칭찬하거나 안아주는 것은 사회적 강화다. 목표한 만큼 모았을 때 보상받을 수 있는 칭찬 스티커를 주는 것은 토큰 강화다. 강화와 반대되는 개념인 '벌'은 특정 행동의 발생 빈도를 감소시킬 목적으로 사용한다. 싫어하는 것을 주거나 좋아하는 것을 빼앗는 방식이 대표적이다. 약속을 지키지 않은 아이에게 화장실 청소를 시키거나, 일주일 치용돈을 주지 않는 것이다. 이러한 강화와 벌을 언제 어떻게 적절히 잘 제공하느냐에 따라 행동과 마음가짐을 교정할 수 있다는 것이 스키너의 생각이었다.

나에게 갓 구운 쿠키의 달콤한 향과 식욕을 돋우는 황금빛깔, 그리고 적당히 부풀어 오른 모양은 시각적 강화였다. 예쁜 접시에 담아내면 입에 넣자마자 맛있다며 만면에 미소를 띠는 남편의 표정과 칭찬 한마디는 강력한 사회적 강화로 작용했다. 덕분에 나는 하루에도 몇 번씩 밀가루를 날리며 반죽을 만들고 오븐을 돌렸다. '과연 잘 구워질까' 하는 두려움 없이 요리책대로 만들기만 하면 베이킹은 성공했다. 결혼 이후의 삶에 대해 늘 작은 불안을 안고 살았던 내게 베이킹은 모든 것을 명쾌하게 만들어주는 쉼터였다. 그로 인해 나의 행동과 생각도 조금씩 긍정적으로 변화하기 시작했다.

그런데 늘 보장된 결과를 가져다주던 베이킹은 이스트를 넣어 발효시키는 제빵, 즉 빵 굽기를 시도하면서 새로운 국면에 접어들었다. 분명 책에 쓰인 대로 정확히 계량하고 온도계

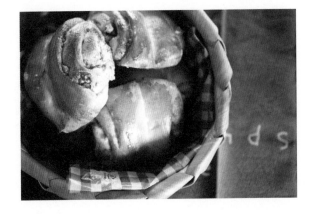

를 사용해 정확한 온도에 이스트를 녹였다. 발효 시간도 분명히 지켰는데 어찌 된 일인지 매번 들쭉날쭉한 결과물을 보였다. 어떨 때는 쉰 냄새를 풍기며 과발효되었고, 또 다른 때는 제대로 발효가 되지 않아 반죽이 부풀지 않았다.

새로운 실패를 거듭하기를 수십여 차례, 나의 발효 빵 만들기는 겨우 성공했다. 아무리 기다려도 반죽이 부풀어 오르지 않아 굽기를 포기한 빵, 다 굽고 나니 겉만 익고 속은 제대로 익지 않은 빵, 퍼석퍼석해서 잘 넘어가지 않는 빵을 만나고 나서야 포근포근한 스펀지처럼 가볍고 결을 따라 부드럽게 찢어지는 완벽한 빵을 만들어냈다. 그제야 비로소 나는 실패의 원인을 깨달았다. 주어진 환경에 늘 동반되는 '변수'를 헤아리지 못했기 때문이었다.

밀가루와 베이킹파우더, 버터 등으로 반죽해 굽는 과자와 다르게 빵은 살아있는 효모균인 이스트를 넣어 발효 과정을 거친 뒤 만든다. 과자는 책에 쓰인 대로 계량하기만 하면 실패 없이 완벽한 결과물을 얻을 수 있지만, 변화하는 환경에 따라 늘 달리 반응하는 효모균을 사용하는 빵은 그때그때의 여러 변수를 세심하게 읽을 줄 알아야 했다.

같은 영화를 봐도 서로 다른 환경에 따라 저마다 다른 시각으로 영화를 이해하듯이 같은 계량으로 반죽을 만들어도 그때의 온도와 습도, 재료의 온도 등에 따라 다른 빵이 나온다. 매번 다른 날씨와 계절은 물론이고 빵을 반죽하는 내 마음 상태와 손길에 따라서도 반죽은 다른 모습으로 부풀어 올랐다. 살아 있는 균으로 이루어진 이스트는 생각보다 예민해 주변 환경과 보살핌에 따라 늘 변화무쌍하여 나를 당혹스럽게 만들었다. 결국 다양한 변수들을 섬세하게 알아차려 반죽을 달래는 것이 발효 빵을 만드는 가장 중요한 기술이었다.

예측 불가능한 미래를 반기는 연습

행동주의 심리학은 결과적으로 큰 성공을 거두지 못했다. 감정과 이성적 판단능력, 그리고 언어능력과 논리를 지닌 인간의 행동을 기계처럼 다루는 데는 분명한 한계가 있었던 것이다. 또한 같은 현상이라도 자신의 경험과 가치관에 따라 제각기 다른 의미를 부여하는 인간의 주관성을 배제한 것도 행동주의 심리학의 실패 이유 중 하나로 평가받는다. 살아있는 이스트로 발효 빵을 만들며 새로운 고비를 맞았던 내가 간과했던 변수처럼, 이 세상에 같은 사람은 없다는 주관성이라는 변수를 무시한 것은 행동주의가 몰락한 가장 큰 원인이었다.

기계적이고 정확한 계량과 확실한 결과물에 매력을 느껴 시작한 베이킹은 아이러니하게도 횟수를 거듭할수록 변수가 가져오는 변화무쌍함에 더욱 집중하게 만들었다. 물론 전혀 예상하지 못한 결과물이 불쑥불쑥 튀어나와 혼란스럽기도 했다. 하지만 시간이 지나며 점차 내 주변 환경의 변화와 다채로움에 더 관심을 두는 여유가 생겼고, 사소한 것에서도 의미를 찾는 섬세함을 배웠다. 어느새 나는 처음 베이킹을 시작한 의도와는 완전히 반대의 이유로 빵 굽는 일을 더욱 즐기게 되었다.

삶은 수많은 변수의 집합으로 이루어져 있다. 그것들을 변칙이 아닌 지극히 당연한 일상으로 받아들이고 조금씩 풀어내는 것이 살아가는 과정임을 깨우친 것은 나이 들어가며 얻은 큰 수확이다.

늘 반복되며 자로 잰 듯 변함없이 흘러가는 것 같은 일상도 실제로는 어느 하루도 같은 모습인 적이 없었다. 주변 사람들과 환경의 변화, 그리고 매 순간 나의 감정에 따라 변화무쌍하고 다양한 모습으로 옷을 갈아입는다. 그 모든 변화를 즐기며 받아들이고 다듬어감으로써 우리는 예쁘게 발효된 빵 반죽을 오븐에 넣어 맛있게 굽듯이 인생을 만들어간다. 그리고 다 구워진 빵을 꺼내기 직전의 설렘처럼 예측 불가능한 미래에 대해 '불안'이 아닌 '기대'를 안은 채 살아갈 수 있을 것이다.

이런 생각으로 〈카모메 식당〉 속 시나몬 롤을 만들어보
기로 했다. 비 내리는 여름날 습도와 온도는 높으니 발효는 평
소보다 조금 짧게, 물은 레시피보다 약간 적게 넣는다. 식당 앞
에서 핀란드 할머니들의 발걸음을 멈추게 했던 달큰하고 매혹
적인 향이 집안에 가득 퍼질 생각에 마음이 잔뜩 설렌다.

시나몬 롤

재료 강력분 250g, 드라이 이스트 1t, 설탕 2T, 소금 1/2T, 버터 20g, 물 150ml, 반죽에 뿌릴 계핏가루와 흑설탕, 다진 호두 적당량, 반죽에 펴바를 수 있는 연유 적당량

1 물 150ml 중 75ml에 이스트와 설탕을 넣고, 나머지에는 소금을 넣는다.

2 강력분 250g에 드라이 이스트 1t와 물을 넣어 반죽하고, 버터 20g을 넣어 한참 치댄다.

3 약 40분간 1차 발효를 한 후 밀대로 긴 직사각형 모양을 만들며 민다.

4 연유를 넓게 펴바르고 계핏가루와 흑설탕, 잘게 다진 호두 등을 솔솔 뿌린 뒤 김밥을 말 듯 돌돌 말아 다시 30~40분간 2차 발효한다.

5 알맞은 길이로 잘라 성형하고 위에 노른자물을 바른 뒤 예열한 오븐에 넣어 180℃에서 15분간 굽는다.

내 젊은 날의 텅 빈 마음, 티라미수

허영　虛榮　vanity

> 오만은 자기 자신을
> 바라보는 관점에서 비롯된 것이고,
> 허영은 다른 사람들이 자신을
> 어떻게 봐주기를 원하는가 하는
> 문제에서 비롯된 거야.
> ―제인 오스틴

영화 〈악마는 프라다를 입는다〉의 두 주인공 미란다와 앤디는 가치관이 전혀 다르다. 세계 최고의 패션지 〈런웨이〉의 편집장 미란다는 패션계의 거물이다. 그녀의 말 한마디에 수많은 명품 브랜드의 희비가 갈리고 그녀의 취향이 곧 트렌드가 된다. 독보적 영향력을 가진 미란다는 그 권력을 잃지 않기 위해 늘 화려하고 당당한 모습을 보여준다. 그러나 남편과의 관계는 언제 끊어질지 모를 정도로 위태롭고 기댈 곳 없는 그녀의 영혼은 외롭다. 그럼에도 '모두가 나처럼 되길 원해'라며 성공과 행복, 자부심이라는 마음 가면을 쓴 그녀는 끝내 자신의 진짜 모습을 보여주지 않는다.

저널리스트의 꿈을 안고 뉴욕에 온 앤디는 지원하는 곳마다 떨어지고 유일하게 자신을 불러준 미란다의 비서로 일한다. 패션 지식도, 센스도 없던 그녀는 사회생활의 혹독함을 맛보며 조금씩 자신의 일에 적응해간다. 그러면서 점차 패션에 눈을 뜨고 어느새 미란다에게 인정받기 시작한다. 하지만 그럴수록 자신의 신념을 잃고 회사의 부품이 되어간다. 결국 그녀는 모두가 주목하는 화려한 삶을 과감히 버리고 자신이 진정 원하던 꿈을 이루기 위해 자아를 찾는 여정을 다시 시작한다.

미란다라는 인물은 허영심과 자기애가 지나치게 강한 나르시시스트의 모습을 하고 있다. 물속에 비친 자신의 모습과 사랑에 빠진 그리스 신화 속 인물 '나르키소스'에서 유래한 나르시시스트는 자기애가 지나치게 강한 사람을 가리킨다. 아들러는 지나친 자기애는 우월의 욕구 중 하나로 내면의 열등감을 드러내는 또 다른 형태라고 말했다. 특히 허영심이 강한 사람들이 우월함을 과시하기 위해 내면의 공허함과 열등감을 숨긴 채 가면을 쓸 때가 많다.

인정받고 싶은 마음은 누구나 가지고 있는 본능적인 욕

망이다. 자신을 본래의 모습보다 과하게 포장하려는 허영심은 인간이라면 누구나 조금씩은 꿈틀거리게 마련이다. 하지만 지나친 허영심은 불행한 결과를 가져온다. 외형적 모습에만 신경 쓰느라 타인과의 관계는 무시한 채 그가 내리는 평가에만 집착하게 된다. 이런 비뚤어진 생각은 삶의 의미와 방향을 잊은 채 명예와 권력이 가져다줄 이익만 따지게 만든다. 그 결과 본래의 나는 사라지고 내면은 붕괴된다. 시간을 더할수록 주변 사람과의 연결고리는 느슨해지고 외로움을 느낄 때쯤 주위를 둘러보면 아무도 남지 않게 된다.

비울수록 나와 가까워지는 이유

미란다와 앤디는 심리학자 에리히 프롬의 책《소유냐 존재냐》에 등장하는 '소유적 인간'과 '존재적 인간'의 사례다. 소유적 인간에게 가장 중요한 것은 '나'다. 자신을 포함한 세상 모든 것을 내 것으로 만드는 데 집중한다. 이들은 남보다 우월하고, 힘을 지녔으며, 정복하고 약탈할 수 있다는 자신의 능력에서 행복을 발견한다. 그래서 소유적 인간은 자신이 가진 것에 의존한다.

하지만 영원한 소유는 없다. 세월에 부식되거나, 가진

것이 더는 나와 어울리지 않거나, 누군가에게 빼앗겨 언제든 잃을 수밖에 없다. 하지만 자신이 가진 것을 고수하려 전전긍긍하느라 날을 세우고 그로 인해 외로워진다. 결국 소유적 인간은 자기 자신이 되지 못한 채 미완의 존재로 남는다. 미란다는 〈런웨이〉 편집장, 패션계 거물이라는 자신의 지위를 지키기 위해 오랜 동료를 배신했고, 가족에게 소홀했다.

　　반면 존재적 인간은 자신이 존재한다는 것, 자기가 살아 있다는 사실에 자신을 맡긴다. 자신이 소유한 것에 안주하기보다 아집을 버리고 마음을 비우는 데서 만족을 느낀다. 이들은 비워낸 공간에 다른 사람과 섞여 소통하고, 사랑하고, 나누며, 베푸는 데서 오는 행복을 채워 넣는다. 삶을 소유물로 생각하지 않으니 잃어버릴 것도 없다. 잃어버릴 것이 없으니 불안해할 필요도 없다. 그들에게 나의 중심은 나 자신의 내부에 있고, 고유의 힘을 바탕으로 나의 꿈과 당당하게 정면으로 마주한다. 앤디가 화려한 생활을 버리고 원래 꿈이었던 저널리스트를 향해 새로운 도전을 시작한 것처럼 말이다.

　　아이러니하게도 가진 것 많은 소유적 인간은 자기 자신이 되지 못하고, 자신을 비워내는 존재적 인간은 타인의 것을 받아들임으로써 오히려 자신이 된다. 에리히 프롬은 이에 대해 '소유는 사용에 따라 감소하는 반면, 존재는 실천을 통해 증대

한다'고 이야기한다. 자신의 내부에 아무것도 없는 소유적 인간
은 겉치레만 화려한 허영심의 다른 이름과 같다.

나를 부풀리고 싶었던 때

대학 생활을 시작할 즈음 학교 주변에 원두커피를 파는 카페가
하나둘 생겨나기 시작했다. 커피라고는 설탕, 프림을 같은 비율
로 섞어 마시는 다방 커피밖에 몰랐던 내게 원두커피는 고급스
럽지만 맛없는 음료였다. 쓴맛 나는 밍밍한 원두커피는 전혀 내
취향이 아니었다. 하지만 남들에게는 원두커피의 맛과 향을 즐
기는 척 말했다.

　　그러다 커피와 함께 다양한 조각 케이크를 함께 파는 케
이크 카페도 조금씩 생겨났다. 제과점에서 파는 버터크림 케이
크나 생과일을 얹은 생크림 케이크밖에 몰랐던 나는 그곳에서
치즈 케이크나 고구마 케이크 같은 생소하면서도 신기한 케이
크를 구경할 수 있게 되었다. 그중에서도 나의 호기심을 자극한
것이 티라미수 케이크였다. 다른 것들은 치즈, 고구마, 과일 생
크림처럼 이름에서 재료를 짐작할 수 있는데 티라미수는 무얼
가지고 만들었는지 도무지 알 수가 없었다. 반듯하게 잘린 모습

이 예쁜 티라미수 케이크는 흰 크림과 진한 갈색의 무언가, 그리고 스펀지케이크가 번갈아 가며 층을 이루고 있었다. 먹어보고 싶었지만 용돈으로 사 먹기엔 가격이 부담스러웠다.

몇 번을 눈여겨보다 처음으로 카페에서 조각 케이크를 주문하기로 했다. 친구와 진열대 앞에 나란히 서서 무엇을 먹을지 고민하는데 늘 궁금했던 티라미수 케이크가 눈에 들어왔다. 나는 티라미수 케이크를 가리키며 친구에게 말했다.

"이거 어때?"

"티라미수? 저게 뭔데?"

그때 나는 친구에게 아무렇지 않게 거짓말을 했다.

"요즘 카페에서 많이 파는 케이크잖아. 저거 엄청 맛있어. 너도 한번 먹어봐."

마치 예전부터 먹었던 것처럼, 그래서 잘 아는 케이크인 양 말했다. 아무것도 모르는 친구는 재료는 뭔지, 맛은 어떤지 물어봤지만 먹어본 적 없는 내가 대답할 수 있을 리 없었다. 나는 대충 얼버무리며 계속해서 아는 척 연기를 했다. 티라미수 케이크를 모른다는 걸 들키고 싶지 않다는 마음보다 티라미수 케이크를 잘 아는 것처럼 보이고 싶었다.

잠시 후 나는 당당하고 자연스럽게 티라미수 케이크를 먹었다. 포크로 살짝 떠서 입에 넣는 순간 나와 친구의 눈이 마주쳤다. 우리 둘은 동시에 미간을 살짝 찌푸렸다. 스펀지케이크는 메말랐고, 크림인 줄 알았던 치즈는 퍽퍽했다. 게다가 커피 시럽이 케이크에 제대로 스며들지 않아 쓴맛이 강했다. 한마디로 맛이 없었다. 친구가 어찌 된 일이냐는 표정으로 나를 쳐다봤다. 이미 사실을 털어놓기엔 늦었고 나는 "오늘은 맛이 별로네, 오래된 건가? 이상하다"라며 은근슬쩍 넘어갔다.

반듯하고 완벽했던 티라미수 케이크의 진짜 맛이 그렇게 실망스러울 줄이야. 그날 이후 나는 티라미수 케이크에 눈길도 주지 않았다. 그날의 기억이 희미해질 때쯤, 우연히 TV에서 이탈리아 요리 연구가가 티라미수 케이크 만드는 모습을 보게 되었다. 그런데 내가 알던 티라미수 케이크와 많이 달랐다. 요리 연구가는 티라미수 케이크를 반듯한 틀이 아닌 넓은 그릇이나 컵에 과자와 치즈크림, 그리고 에스프레소를 층층이 얹어 숟가락으로 떠먹는 소박하고 푸짐한 디저트라고 말했다.

우리가 카페에서 먹은 것은 각기 다른 재료들이 일정한 두께로 층을 나눠 각 잡힌 모양이었는데, TV 속 티라미수 케이크에서는 그런 모양을 볼 수 없었다. 레이디핑거 과자가 뭉그러질 정도로 커피에 푹 담가 그릇에 깔고, 그 위에 부드러운 마스카르포네 치즈 크림을 듬뿍 얹었다. 숟가락으로 떠낸 단면은 재료들이 한데 섞여 층이 잘 보이지 않았다. 투박한 모양은 썩 맘

나를 치유하는 부엌

에 들지 않았지만 커피와 치즈, 과자가 서로를 완전히 머금은 것 같은 질감이 TV 밖으로까지 느껴졌다. '저 케이크를 한 입 먹으면 살살 녹는 달콤함과 녹진한 치즈, 그리고 쌉쌀한 커피 향이 한꺼번에 밀려오겠지?'

방송을 보고 나서야 카페에서 먹은 것은 모양만 그럴싸한, 눈으로만 먹어도 충분한 케이크라는 걸 깨달았다. 재료의 어우러짐 없이 각자 따로 노는 케이크는 속이 텅 빈 예쁜 포장 상자와 다를 게 없었다. 실제로 먹어본 적도 없으면서 친구에게 아는 것처럼 보이고 싶어 한껏 꾸며낸 말로 포장했던 나도 마찬가지였다. 그날의 나와 티라미수 케이크는 본질은 텅 비어있고 허영심만 가득 찬 소유적 존재였던 것이다.

허영의 순간에서 나를 끌어올린 맛

그날 카페에서의 내 행동은 지금까지도 흑역사로 남아 있다. 왜 먹어본 적 없고, 예뻐서 먹고 싶다고 솔직하게 말하지 못했을까. 대학에 막 입학한 나는 경쟁의 굴레에서는 벗어났지만 남보다 뛰어나야 한다는 사고방식에 여전히 갇혀 있었다. 이제껏 학교 생활은 성적과 점수로 경쟁하는 게 전부였는데 대학은 완전히 다른 곳이었다. 미성숙한 존재였던 나는 성적 대신 다른 무언가로 경쟁하고 평가해야 한다고 생각했던 것 같다. 그런데 공부 말고도 잘하는 것이 너무 많은 대학 동기들 사이에서 느낀 지적 열등감이 왜곡된 허영으로 튀어나오고 만 것이다. 그렇게 쌓인 마음이 티라미수 케이크의 부끄러운 흑역사를 낳았다. 그 결과는 당혹과 부끄러움으로 돌아왔다.

살아가면서 때때로 삶이 공허하다고 느끼거나 타인에 대한 열등감을 마주할 때면 어김없이 허영이 내 안에 꿈틀거린다. 대학에 입학했을 때와 아버지가 갑자기 세상을 떠난 이후의 몇 년은 정신적 결핍이 컸던 시기였다. 그때의 나는 겉핥기식으로 쌓은 지식을 과시하거나 내게 어울리지 않는 옷이나 액세서리로 외면을 한껏 포장하고 텅 빈 내면을 감췄다. 하지만 애를 쓸수록 사실과 다른 것에 집착하고 정신적 공허만이 커졌다.

에리히 프롬이 말하는 존재적 인간은 과거에 쌓은 돈, 명성, 신분, 지식, 기억 등에 집착하는 소유적 인간과 달리 지금, 여기에 충실한 삶을 산다. 과거로부터 해방된다는 것은 삶에 집착하지 않고 삶을 소유물로 간주하지 않는다는 것을 의미한다. 그럼으로써 삶의 깊은 면을 깊이 생각하고 새로이 얻은 것들을 받아들일 수 있게 된다.

소유하고 있지만 나와 융화되지 못한 채 겉도는 것들을

잃지 않기 위해 아등바등 노력하는 것이 과연 의미 있는 삶일까. 무의미한 겉치레는 과감히 비우고 나를 단단하게 만들어줄 본질을 받아들여 달라진 사람으로 성장해 나가는 게 아직 살아갈 날들이 많은 우리에게 필요하지 않을까?

한동안 나를 부끄럽게 만든 허영심에서 빠져나올 수 있었던 것은 지금 여기에 서 있는 내 모습 그대로를 받아들이고 인정하려 노력하기 시작하던 무렵부터였다. 스스로 이야기할 수 있는 것들만을 남기면서 생겨난 물리적·정신적 공간에 만족하고, 주어진 매일에 최선을 다하는 것. 여기에 의미를 부여하니 내 발목을 잡고 있던 소유적 인간에서 멀어졌다.

이탈리어로 티라미수tirami su는 '나를 끌어올리다pull me up'라는 뜻이라고 한다. 가짜 티라미수 케이크의 맛은 어쩌면 허영이 아닌 존재적 인간으로 살아가라는 보이지 않는 이정표였을지도 모르겠다. 가끔 정성 들여 진짜 티라미수 케이크를 만들 때면 몇 번을 먹어도 질리지 않는 깊고 풍부한 맛과 향에 감탄한다. 그리고 '이 맛이 나를 허영의 늪에서 끌어올려 줬구나!'라고 생각하며 아직 한참 남은 나의 고유한 삶을 위해 다시 걷기 시작한다.

티라미수 케이크

재료 달걀노른자 40g, 설탕 60g, 물엿 20g, 생크림 100ml, 판 젤라틴 6g, 마스카르포네 치즈 70g, 크림 치즈 70g, 생크림 70ml, 코코아 가루, 레이디핑거 과자(레이디핑거 과자가 없다면 카스텔라를 얇게 썰어 대신하기도 한다. 단, 카스텔라를 사용하면 단맛이 강해진다), 에스프레소에 물과 설탕을 혼합한 커피시럽

1 에스프레소에 물과 설탕을 섞어 커피시럽을 준비한다. 만일 깔루아가 있다면 함께 섞어서 커피시럽을 만든다.

2 판 젤라틴은 찬물에 미리 불려둔다.

3 달걀노른자를 볼에 풀어주고 설탕과 물엿을 넣고 섞는다.

4 생크림 100ml를 따끈하게 데워 노른자를 푼 볼에 나눠 부어가며 거품기로 섞는다. 그리고 냄비에 옮겨 약한 불에서 뭉치지 않게 저으며 끓인다.

5 4번의 크림을 그릇에 옮기고, 온기가 식기 전에 불려둔 판 젤라틴의 물기를 꼭 짜서 넣고 저어주며 녹인다.

6 크림을 식힌 후 마스카르포네 치즈와 크림 치즈를 넣고 함께 섞는다. 아주 부드러운 식감의 티라미수를 원하면 마스카르포네 치즈를 써야 하지만, 구하기 어렵다면 일반 크림 치즈로 만들어도 괜찮다.

7 거품을 풍부하게 낸 생크림 70㎖를 6번의 크림에 넣고 섞는다. 이때 생크림이 가라앉지 않도록 살살 달래가며 고무 주걱으로 섞어준다.

8 커피시럽에 푹 담근 레이디핑거 과자를 바닥이 네모나고 편평한 그릇에 빈틈없이 깐다. 그 위에 크림을 덮고, 그 과정을 한 번 더 반복한다.

9 그릇째 냉장고에 넣어 굳힌 다음 마지막으로 무가당 코코아 가루를 고루 뿌려 덮어준다.

• 레시피는 《김영모의 행복한 빵의 세계》를 참고했다.

소풍날, 엄마의 삼단 찬합

획일화 劃一化 uniformity

> 획일성,
> 자기 자신이 됨을 그치는 행위.
> —에리히 프롬

어렸을 적 해마다 봄 소풍 날짜가 다가오면 며칠 전부터 작은 두 손을 꼭 모은 채 비가 내리지 않게 해달라고 기도했다. 알고 있는 신의 이름을 모두 부르며 최고로 좋은 날씨를 간절히 빌었다. 친구들과 수건돌리기도 하고 돗자리를 펴고 도시락을 함께 나눠 먹고 장기자랑도 하는 날. 그때는 소풍만큼 설레고 가슴 뛰는 특별한 날이 없었다.

　소풍의 묘미는 김밥이었다. 소풍날 새벽이면 엄마는 부

엌에서 도시락을 준비하느라 늘 분주했다. 고슬고슬 밥을 짓고, 속 재료들을 길게 썰어 놓은 후, 대나무 김발 위에 윤기 나는 김을 올려 그 위에 밥을 깐다. 그다음에는 햄, 단무지, 시금치, 달걀, 당근, 우엉 같은 속 재료를 쪼르륵 올리고 단단하게 말아낸다. 그리고 단칼에 썰어 화려한 단면을 뽐내는 김밥을 통에 담는다. 나는 김밥 싸느라 정신없는 엄마 옆에 쪼그려 앉아 있다가 재료들이 삐져나온 꽁다리를 하나씩 받아먹느라 바빴다. 소풍날이 아니면 누릴 수 없는 호사였다.

사건은 초등학교 2학년 소풍날 일어났다. 늘 그렇듯 들뜬 마음으로 일어나 엄마가 도시락을 준비하는 부엌으로 갔다. 그런데 기대한 것과 전혀 다른 풍경이 눈에 들어왔다. 온갖 김밥 속 재료가 넓게 펼쳐진 어수선한 모습은 찾을 수 없고, 삼단 찬합만 덩그러니 놓여 있었다. 의아한 마음으로 뚜껑을 열어보니 첫 단은 밥, 둘째 단은 불고기와 맛깔스러운 반찬, 셋째 단은 과일로 채워져 있었다. 주식부터 디저트까지 공들여 준비한 푸짐하고 고급스러운 도시락이었다.

하지만 나는 삼단 도시락이 전혀 달갑지 않았다. 친구들이 김밥을 한입에 쏙 넣을 때 나만 밥을 먹고 반찬을 먹는 게 싫었다. 남들과 다른 도시락으로 주목받고 싶지 않던 나는 결국 선생님께 깜빡하고 도시락을 가져오지 않았다고 거짓말을 했

다. 그리고 가방 속 엄마의 정성스러운 찬합 대신 선생님이 나눠준 김밥으로 점심을 때웠다.

한껏 솜씨를 발휘하여 마련한 도시락을 얼마나 맛있게 먹었을까 내심 기대했던 엄마는 기절할 노릇이었다. 밥풀 하나 건드리지 않은 채 고스란히 다시 갖고 돌아왔으니 얼마나 기가 막힐 일인가. 나는 가방끈이 풀리지 않아 찬합을 꺼내지 못해 선생님이 주신 김밥을 먹었다고 거짓말을 했다. 하루에 두 번씩이나 거짓말을 한 것이다. 내 말을 정말 믿은 건지, 아니면 거짓인 줄 알면서도 넘어간 건지 엄마는 "아유, 얼마나 배가 고팠을까"라며 곧장 도시락을 풀어 한 숟갈씩 떠먹여줬다. 소풍에서 돌아와서야 먹게 된 엄마의 도시락은 지금껏 먹어본 도시락 중 최고의 맛이었다. 얼마나 맛있었던지, 엄마에 대한 죄책감은 나중으로 미루고 걸신들린 듯 삼단짜리 도시락을 순식간에 먹어 치웠다.

요즘도 가끔 김밥을 먹거나, 음식점에서 파는 도시락을 먹을 때면 그때 일이 떠올라 혼자 부끄러움에 얼굴이 빨개지곤 한다. 비싼 도시락보다, 모두가 똑같이 싸왔던 김밥보다 특별했던 그 완벽한 찬합 도시락이 왜 그리도 창피했을까?

나는 유아 시절을 영국에서 보냈다. 초등학교 2학년 때는 한국에 돌아온 지 얼마 되지 않아 이전과 다른 학교 문화에 적응하는 중이었다. 누구도 내게 강요하거나 지시하지 않았지만 소심하고 내성적인 아이였던 나는 튀고 싶지 않았다. 아이들 사이에서 도드라져 보이기보다 조용히 섞여서 눈에 띄지 않았으면 했다. 흐름에 편승하는 것에서 안정을 느끼는 획일화에 스스로를 길들이고 있었던 것이다.

획일화에 동조하며 치르는 대가

획일성의 문제는 어릴 적 나의 경험 외에도 사회 곳곳에서 다양한 모습을 통해 발견된다. 거리를 걷다 보면 짧은 시간에도 같은 브랜드의 트레이닝 바지를 입고 돌아다니는 중고생들을 몇 번은 볼 수 있다. 길거리에서 3초마다 보일 정도로 흔하다는 의미로 '3초 백'이라는 별명이 붙은 명품 브랜드의 가방도 있다. 하나쯤 가지고 있어야 트렌드에 뒤떨어지지 않는다며 많은 여성들이 비싼 가격을 주고 그 가방을 샀다.

　우리나라 식당에서만 있는 문화인 '메뉴 통일'도 대표적인 획일성 문제다. 모두 같은 음식을 주문하는데 그 사이에서 혼자 다른 음식을 주문하면 눈치를 주기도 한다. 이는 집단 문화의 특징이다. 한때 유행했던 '웰빙'이나 '미니멀 라이프', '욜로' 등도 수많은 사람들의 편승을 낳았다. 자신과는 맞지 않는 방식임에도 다들 그렇게 한다고 하니 억지로 생활 방식을 바꾸려 시도하다 포기하는 경우가 많았다. 이처럼 획일화는 단순히 소유하는 물건을 넘어 생활 방식이나 사고방식에도 작용하고 있다.

사회심리학자 에리히 프롬은 이러한 획일성을 향해 '자기 자신이 됨을 그치는 행위'라 설명한다. 나와 바깥세상 사이의 갈등을 없애고 동시에 고독과 무력감이라는 두려움을 사라지게 하려는 행동이란 것이다. 마치 동물이 보호색을 만들어 주변 환경과 흡사해져 보이지 않게 되듯이 개인은 자아를 버린다. 그리고 자기 외부의 크고 강한 전체의 일부분으로 파고들어 안정감을 얻는 것이 획일화된 문화와 사고방식에 편승하는 양상이다.

획일성은 현대사회를 살아가는 사람들 사이의 흔한 처세 방법이다. 우리는 자신의 생각과 행동이 모두 자유의지에서 비롯하며 자기 자신이 그 모든 것의 주체라고 여긴다. 하지만 에리히 프롬은 다르게 해석한다. 자발적이라고 확신한 우리의 행동과 생각이 사실은 자유의지가 아닌 외부의 강요에 따른 결과라는 것이다. 우리는 고독에 대한 두려움과 소속되지 못한다는 불안함을 가지고 있다. 따라서 타인이나 사회의 기대에 부응할 수 있는 방향으로 생각하고 행동한다. 결국 우리의 생각과

행동은 거짓 자유의지에 불과한 셈이다.

　　유별나거나 도드라지지 않고 타인의 기대에 순응하는 획일화를 따름으로써 인간은 심리적 안정감을 얻는다. 하지만 '자기 상실'이라는 값비싼 대가를 치러야 한다. 자발성과 개성을 포기하고 프롬의 표현처럼 자동인형이 된다. 물리적으로는 살아있을지 몰라도 정신적으로는 생명력을 잃은 삶을 사는 것이다. 무력감에서 벗어나려 획일화에 편승하지만 끝내 자신의 본모습을 버린 채, 내가 아닌 남이 원하는 나를 받아들여 더 큰 무력감과 상실감을 느끼는 것이다.

인생은 예술가와 어린아이처럼

그렇다면 획일화에 빠져버린 우리는 나를 잃어버린 채 살아가야 하는 걸까? 다행스럽게도 프롬은 우리에게 희망이 존재한다는 사실을 알려준다. 그는 이성과 감성이 잘 어우러진 개인의 자발적인 행위를 통해 자아실현의 단계에 오를 수 있으며, 진정한 자기 자신이 되는 자유를 획득할 수 있다고 말한다. 쉽게 말해 사회에 순응하는 자신이 아니라 있는 그대로 자기 고유의 모습을 인정하고 받아들임으로써 자발성에 다가갈 수 있는 것이다.

그는 이러한 자발성을 지닌 사람으로 예술가와 어린아이를 들었다. 예술가는 남이 시키거나 요구하지 않아도 자신의 작품이나 활동으로 자신을 표현한다. 음악이나 미술 같은 예술 활동을 하는 개인뿐 아니라, 철학자나 과학자처럼 사고와 감정, 그리고 행위가 어느 집단에 얽매이지 않은 채 창조적인 형태로 자신을 표현하는 이들 모두를 포함한다.

어린아이도 예술가와 마찬가지로 자기 것을 느끼고 있는 그대로 생각한다. 어린아이의 얼굴에는 자신이 이야기하고 생각하는 모든 것들이 고스란히 드러난다. 생생히 살아있는 자발성은 아이들을 마냥 행복하고 매력적인 모습으로 보여주는 가장 큰 힘이다.

자발적인 활동이 획일성에 물든 우리의 자아에 자유를 되찾아줄 수 있는 이유는 자기 본연의 모습과 세상이 원하는 모습 간의 괴리감 없이 서로를 긍정하며 자연스레 결합하기 때문이다. 불안감으로 자신을 버리고 세상 속에 숨어드는 것도 아니고, 개성을 무시하지 않으면서 대등하게 함께 조화되도록 이끈다. 자발적 행위를 통해 우리는 세상에 무기력하게 편입되기보다 스스로 세상을 포용한다. 어린아이들이 망설임 없이 자신의 의지대로 행동하면서 사회인으로 살아가는 데 필요한 소양을 자연스레 학습하고 받아들이는 것처럼 말이다.

"내가 제일 좋아하는 음식이니까"

아이들의 생각과 감정에는 자신을 둘러싼 두려움과 고립에 대한 불안감이 없다. 세상의 모습을 고스란히 끌어안으며 서서히 흡수되지만, 그마저도 자신의 것으로 만들어 또 하나의 개성 강한 자아를 탄생시키기도 한다.

아들이 유치원에 다닐 무렵 가족과 함께 미국에 사는 오빠네 집에 머무른 적이 있었다. 한 달 가까이 지내는 동안 아들은 그곳 초등학교의 방과 후 수업 몇 과목을 듣게 됐다. 오전부터 오후까지 수업이 이어져 점심 도시락을 준비해야 했다.

제대로 영어를 배운 적도 없는 아이가 미국 아이들 틈에 섞여 하루 종일 지내면서 고립감을 느끼거나 위축되지는 않을지 걱정이었다. 게다가 처음 보는 아이들과 함께 점심까지 먹어야 한다니…. 문득 소풍날의 찬합 도시락 사건이 떠오른 나는 아들에게 점심 메뉴에 관해 넌지시 물었다.

"여기 아이들은 대부분 점심에 샌드위치를 가져간대. 내일 점심 도시락으로 뭘 만들어줄까?"

녀석은 뜻밖에도 볶음밥이라고 대답했다. 웬 볶음밥이냐고 물으니 "내가 제일 좋아하는 음식이니까"라는 대답이 돌아왔다. 너 혼자 동양인인데 도시락까지 애들하고 다른 걸 가져가도 괜찮겠냐며 한 번 더 물었다. 아들은 "뭐 어때, 그냥 내가 좋은 걸 가져가면 되는 거지"라며 별다른 고민을 하지 않았다.

다음날 수업에서 돌아온 아들은 볶음밥을 너무 맛있게 먹었다며 싹 비운 도시락을 내밀었다. 그러곤 옆자리 친구에게 볶음밥을 나눠줬더니 엄지 척을 날렸다며 들뜬 표정으로 쉬지 않고 말했다. 아들의 경험은 에리히 프롬이 이야기한 자발성에서 비롯한 진정한 자유 그 자체였다. 자신의 의지대로 본연의 모습을 마음껏 표출하면서도 세상과 동떨어지지 않고 융화되는 것. 서로 비슷한 상황에서 나의 찬합 도시락과 아들의 볶음밥 도시락은 획일성과 자발성이라는 극명한 차이를 보였다.

그리고, 새로 싸는 도시락

이제 학교에서는 소풍 대신 현장 체험학습이라는 말을 쓴다. 어린 시절의 나에게 소풍은 공부 대신 놀아도 되는 즐거운 날이었는데, 이제는 교실 대신 밖에서 무언가를 배우는 날이 되었다. 게다가 도시락을 내주는 경우가 많아 이른 아침부터 분주하게 도시락을 준비할 필요도 없다.

비록 아들의 소풍 도시락을 쌀 기회는 사라졌지만 대신

매일 남편의 점심 도시락을 챙기고 있으니 나와 도시락은 꽤나 질기고 긴 인연을 맺고 있던 셈이다.

어린 시절의 강렬했던 경험 때문인지 남편의 도시락을 챙기거나 어쩌다 한 번씩 아들의 도시락을 준비할 때면 습관처럼 나의 존재 방식을 되묻곤 한다. 도시락을 싸는 일이 나의 획일성과 자발성을 평가할 수 없다는 건 알고 있다. 하지만 나의 마음이 도시락에 고스란히 투사된 것을 종종 발견하곤 한다. 주로 무언가에 대한 불안이나 두려움, 회의를 느끼면 도시락이 나를 향해 소리 없는 아우성을 보낸다. 그럴 때면 나는 도시락을 가만히 들여다보며 마음을 다잡는다. 남편 또는 아이를 위한 이 도시락에 가족을 생각하고 사랑하는 나의 있는 그대로의 마음이 가득 담기기를.

오늘은 오랜만에 아들을 위한 도시락을 만들 생각이다. 간단한 볶음밥에 제철 채소인 가지와 주키니 호박, 그리고 방울 토마토를 발사믹 식초와 올리브 오일에 버무려 오븐에 구워낸 따뜻한 샐러드로 꾸렸다. 든든한 볶음밥과 지금 계절이 선사한 가장 좋은 재료들이 어우러진 샐러드. 따스한 사랑과 정을 담은 나만의 도시락이 완성되었다.

아들의
점심 도시락

1 냉장고에 보이는 모든 자투리 채소를 꺼내 작은 정방형으로 썬다. 나는 양파와 당근, 감자를 사용했고, 고기를 굽고 남은 것을 조금 썰어 넣었다.

2 채소를 센 불에 달달 볶다가 꾸덕한 밥을 넣는다. 간은 간장으로 맞추고 밥알이 모두 살도록 고슬고슬하게 볶는다.

3 볶아놓은 밥을 팬 한쪽으로 밀어놓고, 빈자리에 달걀 하나를 깨뜨린다. 휘휘 저어 스크램블로 만든 후 밀어둔 볶음밥과 같이 볶아준다. 마지막으로 참기름 한 방울을 떨어뜨려 완성한다.

4 볶음밥에 곁들일 샐러드는 가지와 파크리카, 주키니 호박, 방울토마토 등 제철 채소를 큼직하게 썰어 올리브 오일과 발사믹 식초에 버무린 후 오븐에 구워낸다.

쓰다듬고 껴안아주던 엄마처럼, 집밥

애착 愛着 attachment

건강을 위해 비타민과 단백질이 필요하듯
정신건강을 위해 어머니의 사랑이 중요하다.
—존 볼비

누군가 내게 가장 가슴을 먹먹하게 하는 말을 묻는다면 나는 서
슴없이 엄마를 떠올릴 것이다. 50년 가까이 엄마의 딸로 살면
서 한 아이의 엄마가 되고 보니 아이와 엄마는 간단하게 정의할
수 없는 관계임을 알게 되었다. 엄마가 주는 사랑과 아이가 원
하는 사랑이 다르다는 사실에 충격을 받기도 했고, 세상에 둘도
없는 특별한 사이에서 팽팽한 긴장이 감싸는 애증의 관계를 수
없이 오갔다. 내가 아이였을 때, 그리고 내가 엄마였을 때 느낀

온갖 감정과 복잡하게 얽힌 이야기는 내 가슴을 가득 채우고 있다. 때로는 아프게, 때로는 절절하게, 때로는 따뜻하게. 이 모든 감정이 뭉쳐 내 마음을 먹먹하게 만드는 건 아닐까.

아이는 엄마와 탯줄로 연결된 채 세상에 태어난다. 존재하는 순간부터 강력한 애착으로 이어진 이 지독한 관계를 무엇으로 설명할 수 있을까. 탯줄을 자름으로써 아이는 스스로 호흡하고 영양을 섭취하는 온전한 삶을 시작한다. 걸음마를 떼면서부터는 자신만의 공간을 창조하고, 스스로 할 일을 찾게 되면서 자아가 형성되고 독립적인 존재가 된다.

아이는 태어나는 순간부터 다양한 방식으로 엄마에게서 끊임없이 독립한다. 하지만 엄마는 마지막 숨을 내뱉는 순간까지도 양육자라는 이름표를 떼지 않은 채 평생을 살아간다. 아이는 그 관계에서 만들어진 안정된 마음을 평생의 자양분으로 삼아 건강한 정서를 가진 성인으로 독립한다. 이처럼 엄마와 아이는 전 생애에 걸쳐 보이지 않는 끈으로 연결된 강한 애착 관계를 유지한다.

심리학자 존 볼비는 엄마와 아이 사이를 연결하는 강력하고 밀접한 관계를 '애착'이라는 새로운 틀로 정의했다. 그는 제2차 세계대전으로 부모를 잃은 아이들을 대상으로 애착에 대해 연구했다. 당시 아이들은 보육원에서 생활했는데 충분한 영

양 공급을 받았음에도 또래 아이에 비해 신체 발달이 더디고 시간이 지나면서 우울해했다. 또한 호기심이나 다른 사람에 대한 관심을 보이지 않아 타인과 친밀한 관계를 맺기 힘들어했다. 존볼비는 이러한 현상이 제대로 보살핌을 받지 못한 아이들의 애착 욕구가 충족되지 않은 결과라고 말한다. 아이의 성장은 단순히 영양 섭취로만 이루어지지 않는다. 돌봐주는 사람과 정서적 유대를 맺음으로써 아이가 독립적인 인간으로 성장하는 데 가장 중요한 인지 발달과 사회성 및 정서 발달이 이루어진다.

애착이란 아이와 엄마(또는 대표 양육자) 사이에 맺는 강한 정신적 유대감이다. 존 볼비에 따르면 생애 초기에 양육자가 아이에게 민감하고도 즉각적인 반응을 보이면 아이는 만족감을 느끼는데 그 과정에서 애착이 형성된다고 한다. 아이는 애착 대상을 안전기지 삼아 정서적 안정을 느끼고, 이를 바탕으로 건강한 사회적 관계를 맺는다. 반대로 양육자와 충분한 정서적 교감을 나누지 못한 채 성장한 아이는 타인에게 지나치게 의존하거나 스스로에 대한 자존감이 부족한 성인이 된다. 즉 엄마와 아이 사이의 애착은 사회적 동물인 인간이 스스로 원만하고 안정적인 삶을 꾸려나가기 위한 가장 중요한 열쇠인 셈이다.

아이가 엄마의 애정과 조건 없는 사랑을 가장 강력하게 느끼는 순간은 맨살을 맞대고 체온을 느끼며 스킨십을 할 때다.

학교에서 친구와 싸우고 울면서 집으로 돌아왔을 때 등을 다독이며 위로해주고 모래 먼지와 눈물이 범벅돼 더러워진 얼굴을 쓰다듬어 주던 엄마의 손길. 나른한 오후, 졸음이 밀려와 반쯤 눈을 감고 있을 때 슬며시 자신의 무릎 위에 내 머리를 얹고 차분히 머리카락을 쓸어주며 평온한 낮잠에 빠지게 해준 엄마의 손. 기쁠 때나 슬플 때나 언제든 엄마의 품에 폭 안겨 맘껏 맡을 수 있었던 엄마의 살냄새.

나는 아직도 엄마와의 모든 스킨십을 선명히 기억한다. 그 느낌은 시간이 많이 흐른 지금까지도 안온함을 가져다주고 나라는 존재를 누구보다 사랑하게 만들어준다. 안아주고 입 맞추며 사랑하는 마음을 오롯이 담아 보여주는 엄마의 스킨십은 아이가 처음 갖게 되는 피난처다. 힘들고 어려울 때마다 아이는 견고한 안전기지인 이곳에서 잠시 숨을 고르며 다시 세상으로 나아갈 단단한 마음을 키운다.

집밥이라는 이름의 강력한 애착

생각해보면 엄마와 나누었던 스킨십이 오래도록 나에게 평온과 안정을 가져다준 것은 그 찰나의 순간이 더할 나위 없이 만족스러웠기 때문인 듯하다. 예기치 못한 기쁨처럼 힘을 주고 빛을 선물했다. 스킨십뿐 아니라 아이가 엄마에게서 느끼는 민감하고 즉각적인, 그래서 만족스러운 반응은 모두 애착으로 이어진다. 우리 엄마는 내가 '입이 심심한데, 뭘 좀 먹을까?'라고 생각하면 내 마음을 훤히 꿰뚫어 본 것처럼 순식간에 간식을 내오거나 밥상을 차려줬다. 이처럼 엄마의 즉각적이고 적절한 반응은 애착 경험으로 작용해 어떤 일에도 평정을 유지하는 건강한 내면을 만드는 데 중요한 역할을 한다.

내가 엄마의 집밥을 항상 그리워하는 것은 허기를 느낀 나의 위장을 달래주려 누구보다 빠르게 부엌으로 달려가던 엄마의 모습에서 더없는 사랑을 느꼈기 때문이다. 말하지 않아도 내오는 소박하지만 따뜻한 밥상, 입맛이 없어도 먹어야 한다며 귀신처럼 내가 좋아하는 반찬을 차려내는 눈썰미, 밥숟가락 뜨는 내 모습을 누구보다 좋아하는 무한한 애정, 계절마다 제철음식을 차려내는 민감함. 모든 것이 엄마의 사랑이었다. 그래서 나에게 엄마의 밥상은 원할 때마다 쓰다듬어주고 껴안아주던 엄마의 손길이고 포근한 품이며 언제든 돌아갈 수 있는 편안한 안식처다. 우리 사이를 이어주는 강력한 애착의 끈은 지금도 계속 이어지고 있다.

나와 아들을 이어준 달걀밥

세월이 흘러 집밥에 대한 나의 단상과 유사한 추억을 나와 아들도 천천히 쌓아가는 중이다. 언젠가 아들에게 "지금까지 엄마가 해준 음식 중에 나이 들어도 생각날 것 하나만 말해볼래?"라고 물었다. 전문적으로 요리를 배운 적은 없지만 나름 요리에 자신 있었던 나는 그동안 아이에게 제법 다양한 음식을 만들어줬다고 생각했다. 무얼 고를지 내심 기대하고 있는데 아들은 예상 목록에 없던 음식을 말했다. 달걀밥이었다.

　　아들이 말하는 달걀밥이란, 바쁜 아침에 차려낼 것이 없을 때면 가장 만만하고 흔한 재료인 달걀로 휘리릭 만드는 메뉴다. 프라이팬에 기름을 두르고 달걀이 살짝 익었을 때 맨밥을 넣어 소금이나 간장으로만 간하는 단순하기 그지없는 맹숭맹숭한 음식이다.

　　5분이면 만드는, 다른 음식에 비해 시간과 정성이 덜한 이 밥이 왜 그리도 좋은 걸까. 아들 녀석은 달걀밥을 먹을 때마다 엄지손가락을 추켜세우며 극찬했다. "이건 유네스코 세계 문화유산에 등재해야 돼", "세상에서 가장 맛있는 음식으로 기네스북에 올려야 해"라는 과한 칭찬 때문에 민망한 적이 여러 번이었다. 질리지도 않는지 먹을 때마다 세상에서 가장 맛있는 음식이라도 먹는 듯 순식간에 그릇을 비웠다. 그뿐인가. 다 먹고 난 후에는 내 품에 폭 안겨 행복한 표정으로 이렇게 속삭였다.

"우리 엄마는 늘 내게 맛있는 계란밥*을 해줘서 너무 좋아. 엄마를 너무 사랑해."

아이가 소울 푸드로 달걀밥을 꼽은 것에 맥이 풀리긴 했지만 그동안 달걀밥을 먹으며 보여준 아이의 행복한 표정과 눈웃음을 떠올리고 보니 그 선택이 충분히 이해됐다. 게다가 달걀밥을 해주는 엄마를 사랑한다는데 무엇이 더 필요하랴. 아들은 그동안 먹은 온갖 근사한 요리보다 배고픔에 눈뜬 아침에 엄마가 뚝딱 만들어내는 달걀밥에서 더 큰 만족감과 기분 좋은 포만감을 느꼈을 것이다.

결국 녀석에겐 원할 때면 언제든 기다릴 필요 없이 뚝딱 만들어 배를 채워주는 이 단순한 볶음밥이 어떤 것보다 반갑고 맛있는 음식이었다. 그리고 깜짝할 새에 달걀밥을 만들어내는 엄마는 세계 최고 요리사이자, 자신의 마음을 가장 잘 알아차리는 최고의 친구이며, 좋아하는 음식을 만들어 행복을 선물해주는 산타할아버지 같은 존재였던 것이다.

● 표기는 달걀밥이 맞지만 집에서 아들과 나는 '계란밥'이라고 부르기에 큰따옴표 안의 대화문에는 '계란밥'이라는 단어를 사용했다.

우리를 이어주는 음식

달걀밥 한 그릇이면 뾰로통해진 마음이 살살 녹아, 금세 엄마에게 달려와 "사랑해"를 속삭이던 애교 넘치던 아들은 지금 사춘기 소년이 되었다. 자신만의 개성 있는 세계를 쌓아나가는 복잡다단한 사춘기 청소년에게 달걀밥은 이제 더 이상 최고의 행복을 주지는 못한다. 동시에 달걀밥 하나면 최고의 엄마로 격상했던 나의 지위도 유지하기 어려워졌다. 지금 우리는 성장하며 간섭받지 않으려는 아들과 아직은 가르쳐야 할 것이 많은 엄마 사이다. 사소한 갈등이 끊이지 않는 관계라는 뜻이다. 그래서 최고의 엄마였던 나는 종종 잔소리꾼, 꼰대, 빌런 같은 존재가 되기도 한다.

"매일 아침 계란밥만 먹었으면 좋겠다"라던 아들은 이제 밥과 국, 반찬으로 차려낸 아침 밥상을 좋아한다. 훌쩍 커버린 몸으로는 간단한 아침보다 제대로 갖춘 끼니를 먹어야 든든하게 하루를 시작할 수 있기 때문이다. 하지만 엄지손가락을 치켜세우고 사랑한다고 속삭여주던 아들의 모습이 그리운 마음에 종종 그 시절 먹었던 달걀밥을 후다닥 만들어주곤 한다. 그러면 녀석은 그릇에 수북이 담긴 밥을 지그시 내려보다가 자신도 모르게 만족스러운 표정을 짓는다. 그다음에는 나를 쳐다

보며 씨익, 기분 좋은 미소를 보낸다. 아들의 미소는 엄마와 자신을 단단하게 연결해주던 행복한 과거를 오로지 둘이서만 공유한다는 무언의 사인을 보내는 것이다. 그러고는 여전히 살가운 말투로 "역시 엄마가 내 마음을 제일 잘 알아"라며 나를 살포시 안아준다.

우리 둘 사이에 애착을 형성한 연결고리가 고작 달걀밥이라니. 이렇게 생각할지도 모르겠다. 하지만 아들과 나를 엮어온 소통과 유대감이 '달걀밥'이라는 매개체를 통해 윤곽을 드러낸 것일 뿐이다. 내 품에 폭 안겼던 작은 몸은 어느새 부쩍 자라 반대로 엄마를 안아주게 되었다. 그래도 우리가 그동안 함께 만들어간 긍정적인 애착관계는 아이가 밝고 원만한 청년으로 성장할 수 있는 자양분이 돼주었고 앞으로도 그럴 것이라 생각한다.

때때로 잘못된 행동을 한 아들 녀석을 호되게 야단치면 상기된 얼굴을 하고 말없이 제 방으로 들어간다. 사춘기라는 걸 강하게 어필이라도 하려는 듯 문을 걸어 잠그고는 꼼짝도 하지 않은 채 한참을 나오지 않는다. 분명 배가 고파 간식을 찾을 시간인데 자존심 때문에 선뜻 나오지 못하는 녀석을 위해 나는 말없이 달걀밥을 만든다. 그러고는 아들의 방문을 향해 큰 소리로 말한다.

"계란밥 해놨으니 얼른 와서 먹어."

잠시간 정적이 흐른 후, 녀석은 은둔을 포기하고 스멀스멀 방문 밖으로 나와 식탁 위에 놓인 달걀밥을 바라본다. 보일 듯 말 듯 엷은 미소가 녀석의 입가에 슬쩍 머물다 지나간다. 무언가 내게 말을 하려고 몇 차례 망설인 끝에 결국 녀석은 입을 연다.

"잘 먹겠습니다. 그리고 엄마, 아까는 잘못했어요."

우리 모자는 밝아진 표정으로 또다시 도란도란 이야기를 이어간다.

달걀밥

1 팬에 기름을 두르고 살짝 풀어둔 달걀을 넣어 반숙 정도의 스크램블을 만든다.

2 여기에 꾸덕해진 밥 한 공기를 넣고, 주걱으로 눌러가며 밥알을 서로 떨어뜨린다.

3 간은 반드시 간장으로 하고, 밥이 다 볶아질 때쯤 참기름 한 방울을 넣으면 완성이다.

4 기호에 따라 파 기름을 넣거나 김 가루를 뿌려도 좋다. 우리 아들은 밥, 달걀에 간장으로 간을 한 순수한 달걀밥을 선호한다.

딜레마

Dilemma

chapter 3

지금 이 순간 뜨거운 행복, 한여름의 청국장

지금 여기 **here and now**

> 과거를 돌아보며 분노하거나
> 미래를 보며 두려워 말고
> 대신 깨어 있는 마음으로
> 현재를 두루 살펴라.
> ―제임스 터버

"내가 한창 잘나가던 시절에는 말이야…"라는 말로 시작하는 이야기를 들으면 우리는 어떻게 반응할까. 처음에는 솔깃하다가도 이야기가 장황해질수록 집중력은 슬슬 흐려진다. 머릿속에선 다른 생각이 떠오르고, 상대가 뱉어내는 말이 소음으로 들리기 시작한다. 그리고 마지막에는 이런 생각이 든다.

'그래서 그게 지금 무슨 상관인데.'

자신의 화려했던 과거를 무용담처럼 자주 늘어놓는 이

들은 생각보다 많다. 예전에 어떤 직업을 가졌고 얼마나 많은 돈을 벌었는지, 과거에 어느 지위까지 올라갔으며 그로 인해 얼마나 좋은 것들을 많이 누리고 살았는지…. 사실 그 모든 말은 과거의 허상에 얽매여 살아가는 한 사람의 푸념에 불과하다.

똑같이 과거에 갇혀 있지만 입만 열면 불만을 토로하는 경우도 드물지 않다. 지금 힘든 자신의 상황과 모난 성격이 과거의 문제 때문이라 여기는 것이다. 이들의 입에서는 "그때 그러지만 않았어도……"라는 말이 버릇처럼 튀어나온다. 이렇게 지금의 만족스럽지 못한 삶의 원인을 전부 과거에 두는 사람들은 자신의 잘못을 인정하지 않는다. 지난날의 사건사고나 다른 사람의 잘못된 경험 탓으로 돌릴 뿐이다.

삶의 모든 관심이 오로지 미래에만 편향된 이들도 있다. 그들의 시선은 자신이 설계한 미래만을 향한다. 때문에 과거의 자신을 돌아볼 여유도, 현재의 시간을 성찰하거나 누릴 여지도 허락하지 않는다. 그들에게 행복이란 꿈꾸던 미래의 모습을 온전히 실현했을 때 비로소 획득할 수 있는 것이다. 그렇기에 이들의 행복에는 항상 '○○ 되기만 하면', '○○한 상황이 찾아오면'이라는 전제가 붙는다.

과거에 갇혀 살거나, 미래만을 향해 달려가거나. 집착의 시기와 방향은 달라도 이들에게는 한 가지 공통점이 있다. '현재'를 온전히 누리지 못한다는 점이다. 과거의 좋은 시절만 돌이켜 생각하거나 반대로 그 시절의 잘못을 계속 반추하며 후회하는 데 시간을 쏟는 것은 현재 상황에 만족하지 못한 채 살아가고 있음을 방증하는 것이다.

아직 오지 않은 미래에 모든 에너지를 쏟아붓는 행위도 마찬가지다. 언뜻 보기에는 더 나은 삶을 위한 건설적인 노력으로 비칠 수 있을지 모르나, 지나친 집착은 마음에 들지 않는 현재 상황으로부터 도망치고 싶은 욕구에서 비롯한 절박한 행위다. 결국 과거든 미래든 어느 시점에 얽매여 있든 그들에게 현재는 존재하지 않는다. 아니 존재하지 않았으면 좋을 시간이다. 그토록 원하는 행복이 지금 현재, 바로 우리 옆에 있는데 말이다.

어제도 내일도 아닌 지금 여기에서

영화 〈죽은 시인의 사회〉의 주인공 키팅은 혹독한 교육으로 유명한 사립 고등학교에 새로 부임해온 선생이다. 학교의 목적은 오직 하나다. 엄격한 규율과 교육으로 학생들을 명문 사립대학에 진학시켜 상류사회의 일원으로 살아가도록 만들어주는 것

이다. 그곳에서 학생들은 미래의 은행장, 미래의 법관을 꿈꾸며 현재의 모든 꿈과 희망을 포기한 채 늘 긴장된 모습으로 살아간다. 그런 학생들에게 새로 부임한 키팅 선생은 수업 첫날 영화 속 가장 유명한 대사인 이 말을 가르친다.

'카르페 디엠!Carpe Diem!.'

'현재를 즐겨라seize the day'라는 의미인 이 라틴어는 과거나 미래가 아닌 '지금 여기'에 집중하라는 메시지를 담고 있다. 이는 곧 진정한 자기 자신에게 완벽히 몰입할 수 있는 길이자 삶의 정수를 맛보는 길이다. 학생 토드는 언제나 자기보다 뛰어난 형과 비교하며 차별해온 부모로 인해 늘 위축되어 있었다. 그는 카르페 디엠을 외치는 키팅 선생의 가르침을 통해 지금 자신이 가진 장점을 발견하고, 자신감을 얻는다. 닐은 자신의 의도와는 상관없이 자신의 미래를 계획하고 강요하는 부모의 뜻에 따르며 자아 없이 살아간다. 하지만 키팅 선생을 만나 지금 내가 정말로 하고 싶은 일을 발견하고 도전하기로 결심한다. 과거와 미래에 얽매여 있는 부모의 굴레에서 벗어나 지금 여기에 집중함으로써 '나 자신'에 한 발 더 다가선 것이다.

'지금-여기'는 실제로 심리 상담 현장에서 심리적으로 접근하는 데 가장 중요한 열쇠 중 하나다. 상담자는 내담자의 '지금-여기'에 초점을 맞춰 상담을 진행한다. 자신의 문제를 과거 경험의 탓으로 돌리고 과거에 구속되어 있는 대부분의 내담자가 현재에 집중하도록 만들어 그 안에서 생각하고 행동하는 자신의 현실과 직면하도록 하기 위함이다. 상담을 통해 과거가 아닌 지금 여기에 존재하는 자신의 직접적인 경험과 마주하는 과정에서 내담자는 현재 자신이 어떠한 생각을 하고, 어떤 가능성을 가지고 있는지, 경험 속에서 어떤 문제점을 나타내는지 스스로 깨닫게 된다.

현재는 과거나 미래, 그 어디에도 지배당하거나 잠식당하지 않는다. 과거는 현재 모습의 실마리로서 냉정히 성찰하고, 보다 나은 미래를 위해 바로 지금 여기에서 충만하게 살아가야 하는 삶의 가장 중요한 순간이기 때문이다.

공사장에서 보낸 크리스마스 데이트

크리스마스의 풍경이라고 하면 예쁜 케이크와 푸짐한 음식, 은은히 흐르는 캐럴을 배경으로 와인 한 잔을 기울이는 모습을 기대하곤 한다. 가까운 사람들에게 보내는 카드에는 멋진 음식과 케이크가 놓인 식탁에서 행복한 미소를 짓는 이들의 모습이 담겨 있고, 광고나 영화 속 크리스마스의 모습도 별반 다를 게 없다. 그러니까 내 머릿속 크리스마스는 따뜻하고 아늑한 분위기에 잔잔한 캐럴, 푸짐한 음식과 케이크, 그리고 여기에 곁들이는 와인 한 잔이었다.

남편과 연애하던 시절 맞이한 첫 크리스마스. 당시 연인에게 크리스마스는 멋진 곳에서 같이 밥을 먹고 선물을 주고받는 것이 공식 코스였다. 우리라고 다를 건 없었다. 12월 24일 저녁, 근사한 식당에서 저녁을 먹자며 잔뜩 설렌 마음으로 레스토랑에 전화를 걸었다. 하지만 우리와 같은 생각을 하는 연인들은 모두 거리로 쏟아져 나왔고 나와 남편은 수십 통의 전화를 걸고도 예약에 실패했다. 설마 우리 둘이 밥 먹을 곳이 없겠냐는 한가로운 생각을 한 대가는 생각보다 컸다.

이 사태를 예측하지 못하고 발 빠르게 움직이지 않은 것을 후회했고, 또 한편으로는 미리 알아서 이런 날을 챙기지 않은 남자친구가 조금 원망스럽기도 했다. 좀 더 일찍 예약했더라면 지금쯤 레스토랑에서 근사한 저녁을 즐기며 오늘의 분위기를 만끽하고 있을 텐데. 그 순간 짜증이 밀려왔고, 자꾸만 후회의 감정이 들었다. 현재의 불만에 대해 상대방과 과거를 탓한 것이다.

그러다 후회하며 둘만의 시간을 보내기엔 너무나 아깝다는 생각이 들었다. 그때부터 크리스마스 케이크를 파는 제과

점을 돌아다녀 보았지만, 그마저도 쉽지 않았다. 케이크는 거의 다 팔려나간 상태였고 남아 있는 것이라고는 크리스마스 특수를 노려 급하게 대량으로 만든 조악한 모양의 케이크밖에 없었다. 할 수 없이 아쉬운 대로 우리는 작은 제과점에서 마지막으로 남은 작은 케이크를 샀다. 조용히 둘이서 시간을 보낼 수 있는 곳을 찾아 헤맨 끝에 적당한 장소도 발견했다. 아직 공사 중인 건물의 주차장이었다.

철골만 남아 있는 컴컴하고 을씨년스러운 공사장에서 촌스럽고 보잘것없는 케이크를 대충 잘라 포크도 없이 플라스틱 칼로 콕 집어 먹었다. 저녁도 먹지 못한 채 주린 배를 채우는 우리의 모습은 언뜻 생각하면 초라하고 우스울 것이다. 하지만 오가는 사람 없이 고요한 곳에서 따뜻하게 자동차 히터를 켜두고 오붓하게 캐럴을 들으며 나름 괜찮은 맛의 케이크를 나눠 먹다 보니, 의도치 않게 계획이 틀어져 어쩔 수 없이 만들어진 그 상황이 오히려 더 재미있고 특별하게 느껴졌다.

과거의 안일했던 이벤트 준비에 대한 의미 없는 후회와 짜증을 멈추고 지금 현재에 만족하고 나니 그때부터 우리는 그 상황을 마음껏 즐길 수 있었다. 마음을 위축시키는 점잖은 분위기와 다닥다닥 붙어있는 옆 테이블을 신경 쓰느라 마음껏 즐기지 못했을 레스토랑보다 우리 둘만의 세계가 보장되는 공사장

한구석에서 편안한 시간을 보내길 잘했다는 생각이 들었다. 나와 남자친구는 손과 얼굴에 크림이 묻는 것도 아랑곳하지 않고 케이크를 먹으며, 오랜 시간이 지나도 가장 기억에 남는 크리스마스가 될 것 같다며 한참을 낄낄거리며 웃었다. 크리스마스에 필요한 건 빈틈없는 준비와 완벽한 분위기가 아니었다. 남자친구와 지금 이 순간에 어떤 의미를 부여하며 즐기고 있느냐는 것이었다. 하마터면 이 중요한 사실을 깨우치지 못 할 뻔했다.

한여름, 이렇게 맛있는 청국장이라니

그 후 1년간 소소하지만 의미 있는 추억을 함께 만들어간 우리는 결혼을 했고 첫 여름을 맞이했다. 무척이나 더웠던 주말, 더위를 벗어나 둘만의 시간을 갖자며 아침부터 설레는 마음으로 이런저런 계획을 짰다. 시원한 곳에서 영화를 볼까, 아예 차를 타고 시원한 계곡 쪽으로 가볼까. 집을 나서기로 한 시간이 점점 다가오는 것을 확인하며 이미 마음은 여행을 떠난 듯 신나 있었다. 그때 갑작스럽게 남편의 회사에서 전화가 걸려왔다. 급한 업무가 생겼으니 곧바로 회사로 오라는 내용이었다.

통보에 가까운 전화를 끊은 남편은 벌건 얼굴로 화난 마

음을 추스르지 못한 채 한참을 씩씩거렸다. 더운 날이었고 신혼이었으며 주말이었다. 무엇보다 오전 내내 들떠서 세운 짧은 여행 계획이 실패로 돌아갔다는 게 아쉬웠다. 하지만 말단 사원이 반기를 들 수는 없는 노릇이었다. 여행의 꿈은 사라졌지만 일단 점심은 먹고 회사로 출발해야 했다. 어차피 포기할 수밖에 없는 상황이라면 점심이라도 제대로 차려 맛있게 먹기로 했다.

시간이 많지 않아 후다닥 밥상을 차려야 했다. 냉장고를 열어보니 염장해놓은 다시마와 청국장 덩어리가 눈에 띄었다. 다시마를 꺼내 소금기를 씻어내고 짠맛이 빠지도록 물에 담가두었다. 그동안 간장과 갖은양념을 더해 맛깔스러운 양념장을 만들었다. 그리고 멸치로 진하게 낸 육수에 청국장 덩어리를 넣어 풀고, 두부를 네모지게 썰어 쿰쿰한 냄새가 진동하는 구수한 청국장찌개를 끓였다.

땀이 줄줄 흐르는 여름날, 뚝배기에서 보글보글 끓는 청국장을 식탁 가운데 놓고 갓 지은 밥에 쓱쓱 비벼 먹었다. 그리고 다시마 위에 밥을 얹어 양념장에 콕 찍어 서로의 입에 넣어주기도 했다. 겨울에나 어울릴 법한 밥상이었지만, 먹다 보니 한여름에 뜨끈뜨끈한 찌개를 콧잔등에 땀이 송골송골 맺힌 채 후후 불어가며 먹는 맛이 색다르고 특별했다. 어느새 나와 남편은 완벽히 먹는 것에 집중해 한 끼를 온전히 즐기게 되었다.

우리는 먹는 내내 "아, 너무 맛있다"를 연발했다. 소박하게 차려낸 밥상이었지만 오전 내내 가슴 설레며 세웠던 계획도, 모든 것이 무산된 절망스러운 상황도 떠오르지 않을 만큼 먹는 순간을 완벽히 만끽한 것이다. 어떻게 흘러갈지 모르는 예측할 수 없는 미래보다 지금 내가 있는 이곳에서 가장 맛있는 음식을 먹으며 느끼는 행복이 가장 현실적이며 직접적 경험으로서의 '실존적 행복'이라는 사실을 깨달았다.

지금 이곳의 행복에 감사하며

특별했던 크리스마스 이후, 우리 가족은 레스토랑이 아닌 집에서 매년 크리스마스 저녁을 맞이한다. 일주일 전부터 먹고 싶은 메뉴를 짜고 전날 재료를 사둔다. 크리스마스이브 날에는 직접 선곡한 캐럴을 들으며 오전부터 부지런히 요리를 시작한다. 오후에는 우리 가족만의 오붓하고도 넉넉한 크리스마스 성찬을 즐긴다. 특별한 날, 우리가 함께하는 그 순간, 그리고 세상에서 가장 편한 우리 집에서 맛보는 홈 메이드 요리가 주는 의미를 이제는 너무도 잘 알기 때문이다. 함께 음식을 먹고 저물어가는 한 해 동안의 일들을 서로 이야기 나누다 보면, 어떤 비싼 레스토랑보다 값진 집이라는 공간에서 지금 현재를 충만하게 경험할 수 있음에 감사한다.

나는 아직도 17년 전 여름, 뜨거운 낮에 더운 줄도 모른 채 마치 생의 마지막 식사인 것처럼 음식에 한껏 취해 정말 맛있게 먹었던 점심의 기억을 종종 꺼내곤 한다. 그리고 어제 무엇을 먹었든, 오늘 여기서 먹는 이 음식이 그날의 청국장처럼 가장 맛있는 음식이 되기를 바라는 마음으로 우리 가족의 끼니를 준비한다.

그럼에도 과거와 미래는 끊임없이 지속되는 삶의 연장선에서 너무도 중요한 시간이다. 나는 과거에 엄마의 집밥을 먹으며 성장했고, 앞으로 남은 깃털처럼 많은 날 동안 수많은 음식을 먹으며 살아갈 것이다. 하지만 지금 여기에 존재하는 나의 몸과 마음을 살찌우는 것은 이 순간 내 입과 혀로 온전히 느끼며 경험하는 현재의 음식이다. 그렇기에 매 순간 정성 들여 차린 밥상을 감사한 마음으로 바라본다.

청
국
장

1 약간의 김치, 두부, 대파와 고추를 미리 썰어놓는다. 나는 청국장 본연의 맛을 살리고 싶어 찌개용 고기나 해산물 등은 넣지 않는다.

2 육수는 국물용 멸치를 넣어 준비한다. 육수가 끓으면 청국장 덩어리를 넣고 풀어준다. 청국장은 된장처럼 망에 걸러 풀지 않고 덩어리째 넣어 끓인다. 콩 알갱이를 떠먹는 재미가 있다.

3 썰어 놓은 부재료를 모두 넣고 바글바글 한소끔 끓인 후 불을 끈다. 청국장은 오래 끓이지 않는 것이 좋다.

4 청국장 전문점에서 알려주기를, 찌개 위에 떠오른 거품을 건져내지 않는 것이 좋다고 한다. 해물이나 고기를 넣지 않은 청국장에 떠오른 거품은 콩에서 나온 아미노산으로 몸에 좋은 것이라고 한다.

삶을 충만케 하는 권태, 밥과 김치

권태 倦怠 langeweile

행복한 인생이란
대부분 조용한 인생이다.
—버트런드 러셀

언젠가 셰프와 요리 연구가, 외식업체 대표 등 요리 분야의 여
러 전문가를 대상으로 '내 인생 최고의 음식'을 조사한 기사를
본 적이 있다. 늘 창의적인 요리를 창조해내는 이들의 인생 음
식은 무엇일지 너무 궁금했다. '나는 먹어본 적 없는 대단한 요
리겠지?' 하고 생각했다. 그런데 막상 글을 읽다 보니 예상과 다
른 의외의 대답들이 나왔다. 들어본 적도 없는 낯선 음식도 종
종 등장했지만, 생각보다 많은 이들이 국수, 된장찌개, 누룽지

같이 평범하고 흔한 음식을 손꼽았다.

기사를 읽어 내려가면서 나에게도 같은 질문을 던져보았다. 내 생애 최고의 음식이라. 고민할 여지 없이 무의식 속에서 곧장 튀어나온 음식들이 있었다. '흰밥과 잘 익은 김치', 그리고 '밥 한 그릇을 가득 만 콩나물국'이었다. 세상에서 가장 평범한 밥과 김치, 그리고 콩나물국이 나의 최고 음식이라니. 나조차도 예상치 못한 답이 머릿속에 갑자기 떠오른 이유를 생각하다 이내 모든 것을 납득하며 미소 가득한 얼굴로 고개를 끄덕였다. 그것은 생기를 잃어가던 나를 살린 음식들이었다.

생사의 문턱에서

미숙아로 태어난 나는 늘 기운 없이 골골대서 어릴 적부터 병원과 한의원을 제집처럼 드나들었다. 학교에 들어가면서부터는 조퇴를 밥 먹듯이 하곤 했다. 엄마는 그런 내가 행여 잘못되지는 않을까, 늘 깨지기 쉬운 유리잔 다루듯 조심조심 키웠다. 그러다 생과 사를 오갈 뻔했던 일이 일어난 건 기억조차 희미한 다섯 살 무렵이었다. 동네 골목에서 친구들과 온종일 뛰어놀다 들어온 나는 놀던 여운이 남아 흥분이 가시지 않았는지 저녁밥

도 먹지 않은 채 곧바로 잠이 들었다. 다음 날 새벽, 엄마는 연체동물처럼 축 늘어져 있는 나를 발견하고 이름을 크게 부르며 흔들어 깨웠다. 입술은 핏기 하나 없는 보랏빛이었고 피부는 혈색 없이 새하얗게 질려버린 나는 죽은 듯 꼼짝하지 않았다. 엄마와 아빠는 곧바로 나를 둘러업고 동네 병원과 약국을 모두 찾아다녔다고 한다. 그렇지만 해도 뜨지 않은 검푸른 새벽 시간에 문을 연 곳이 있을 리 없었다.

굳게 문을 닫은 병원들을 뒤로하며 아빠의 등에서 점점 힘없이 늘어져 가는 나를 보았을 때, 엄마 아빠는 나의 소생을 거의 포기했다고 한다. 그런데 그 순간 아빠 등에 업힌 내가 힘겹게 눈을 뜨고 들릴락 말락 한 작은 소리로 중얼거렸다.

"엄마… 콩나물국에 밥 말아서 먹고 싶어."

모기만 한 소리로 콩나물국을 찾는 나를 보고 엄마와 아빠는 곧장 집으로 내달렸다. 엄마는 조급함에 벌벌 떨리는 손으로 냄비에 남아 있던 콩나물국을 뜨겁게 데워 밥을 가득 말았다. 입을 열 힘도 없는 나를 아빠의 몸에 기대 앉히고는 뜨겁지 않도록 후후 불어 한 숟가락씩 콩나물국을 떠먹였다. 겨우 입을 벌려 엄마가 주는 밥을 받아먹은 나는 이내 깊은 잠이 들었다. 그제야 창백한 얼굴에 조금씩 발그레 생기가 돌고, 바짝바짝 타들어 가던 입술이 점점 촉촉해졌다. 그 모습을 확인하고서야 엄마 아빠는 손을 맞잡고 "살았다, 살았어"라며 안도의 눈물을 흘렸다. 겨우 밥 한 끼 굶은 걸로 죽음의 문턱까지 갔을 만큼 약했던 나를 살린 건 콩나물국 한 대접이었다.

다시 나를 살린 음식

다섯 살 때의 그 기억을 다시 떠올리게 된 건, 세월이 훌쩍 지나 결혼을 하고 아들을 배 속에 품고 있던 서른두 살 가을이었다. 만삭이었던 그때는 이제 곧 태어날 아이를 만난다는 설렘도 있었지만 무거운 몸에 푸석한 피부와 머리, 그리고 완전히 달라진 체형을 하루하루 확인하며 여자로서의 삶이 여기서 끝날지도 모른다는 생각에 약간의 서글픔을 느끼는 시기였다. 늘 몸조심해야 한다며 가족들은 나를 온실의 화초처럼 대했고 막달에 접어드니 거동이 불편해 외출도 거의 하지 못했다. 그러다 보니 출산을 향해 흘러가는 시간이 정지된 것처럼 모든 일상이 재미없이 지루하고 지지부진하게 느껴졌다.

그러다 불러오는 배에 위가 눌렸는지 소화가 되지 않아 저녁을 거의 먹지 못한 채 잠이 든 어느 날이었다. 한밤중에 찾아온 엄청난 허기로 인해 나는 잠에서 깼다. 처음에는 단순한 배고픔인 줄 알았는데 몸을 일으켜 세우는 순간 몸 상태가 예사롭지 않았다. 식은땀이 줄줄 흘러내리자 조금씩 심각성을 깨닫기 시작했다. 머리는 정신없이 핑핑 돌고, 팔다리는 힘 하나 없이 흐느적거려 제대로 걷기도 힘들었다. 그런 느낌에 더 긴장했는지 온몸은 땀으로 흥건해졌고 입안은 바짝 말라 갔다. 혹시 이러다 나도, 배 속 아이도 잘못되는 건 아닌가 하는 생각에 덜컥 겁이 나자 몸은 더욱 힘없이 축 늘어졌다.

　　도대체 무얼 어찌해야 할지 몰라 거의 기다시피 불 꺼진 집안을 배회하다 나를 깨운 주범이 허기였다는 사실이 떠올랐다. 뭐라도 먹을 것이 있을까 싶어 냉장고를 열어보았다. 임신한 딸을 위해 온갖 좋은 재료로 만든 엄마의 음식을 뒤로하고 내 눈에 가장 먼저 들어온 건 잘 익은 김치였다. 김치를 보자마자 밀려드는 허기에 얼른 밥솥의 밥을 퍼 담았다.

　　식탁에 앉아 있을 기력도 없어 바닥에 질펀하게 앉고는 밥을 커다랗게 한 숟가락 뜨고, 그 위에 손으로 찢은 김치를 얹어 걸신들린 듯 먹었다. 아무도 깨지 않은 새벽에 혼자 걸인처럼 김치와 밥 한 공기를 싹 비우고 나니 그제야 덜덜 떨리며 갈피를 잡지 못하던 손이 내 뜻대로 움직이고 다리는 일어나 걸을 힘을 되찾았다. 다섯 살 적 죽어가던 나를 살린 콩나물국처럼 너무 흔해서 평소에는 잘 찾지도 않던 김치와 밥 한 공기가 탈

진으로 쓰러질 뻔했던 임신 9개월의 나를 일으켜주었다.

한국인에게 콩나물국과 김치만큼 익숙하고 평범한 음식
이 또 있을까. 오히려 너무 흔해서 잘 차려놓은 한상차림에서는
젓가락조차 가지 않는 외면 받는 이 음식들이 내게는 지금껏 살
아오며 가장 맛있게 먹었던 내 인생 최고의 음식이었다.

삶을 풍요롭게 하는 권태를 찾아서

만약 가족을 위해 차린 밥상 위에 며칠 동안 계속 밥과 김치, 그
리고 콩나물국만 올라온다면 우리는 어떻게 반응할까. 차리다
만 밥상이라며 짜증을 낼 수도 있고, '설마 이것 말고 다른 반찬
이 더 있겠지' 하면서 특별한 메뉴를 기대할지도 모르겠다. 김
치와 콩나물국은 우리의 이목을 전혀 끌지 못하는 흔하디 흔한
평범한 음식이기 때문이다. 삼시 세끼 김치와 콩나물국만 먹으
면 금세 싫증을 느끼고 다른 자극적인 맛을 원할 것이다. 평범
하고 흔한 생활이 아무런 변화를 주지 않은 채 지속될 때 우리
가 '권태'라는 것을 느끼는 것처럼 말이다.

우리가 다루는 인간의 많은 감정 가운데 권태는 다른 것
들에 비해 그다지 중요하게 여기지 않는 경향이 있다. 하지만

하루가 다르게 새로운 것들이 우리의 이목을 집중시키고, 수많은 자극과 정보에 둘러싸여 현대를 살아가는 우리에게 권태는 어느 때보다도 중요한 화두가 되어야 한다.

철학자 버트런드 러셀은 권태의 반대는 즐거움이 아닌 '자극'이라 말했다. 인간에게는 누구나 단조로운 삶에서 탈피하려는 욕구가 잠재해 있기에 자극이 없는 생활 속에서 언제든 권태를 느끼게 마련이다. 이러한 권태감이 찾아와 현재의 삶에 불만족이 누적되면 일상의 많은 것들이 지루해져 즐거움을 느끼지 못한다. 심할 경우 삶의 의미를 상실한 채 무기력해지기도 한다. 더 큰 문제는 권태로부터 벗어나기 위해 점점 큰 자극을 원하게 된다는 것이다.

물론 자극이 꼭 나쁜 것만은 아니다. 자극에 대한 욕구로 우리의 삶은 보다 즐겁고 풍요로워지기도 하고 더 발전하기도 하니 말이다. 그러나 자극이 지나치면 소소한 것부터 특별한 것까지, 일상에서 느낄 수 있는 작은 즐거움에 대해 무뎌지면서 또 다른 권태를 낳게 된다. 권태가 자극을 낳고, 더 큰 자극에 무뎌져 또 다른 권태를 느끼는 악순환이 계속되는 것이다. 마치 흥행에 엄청난 성공을 거둔 액션 영화의 속편을 제작할 때면 전작보다 더 대단한 장면을 기대하는 관객의 입맛을 충족시키기 위해 폭력성과 선정성의 수위가 높아지는 것처럼 말이다.

러셀은 이러한 악순환은 삶을 황폐하게 만드는 권태에 의한 것이며, 그러한 형태의 권태는 활기찬 행동이 없는 곳에서 자라난다고 말한다. 그가 말하는 활기찬 행동이란 단순히 에너지 넘치는 행위를 의미하는 것이 아니다. 평범하고 반복되는 일상 속에서도 늘 무언가를 새로이 창조할 수 있는 능동적인 내면, 그리고 자극 없이 잔잔히 흘러가는 시간을 견뎌낼 줄 아는 힘을 이야기한다. 반면 그의 표현처럼 활기찬 행동이 깃든 권태는 '삶을 풍요롭게 하는 권태'로, 쾌락적 자극이 없는 곳에서 자라난다고 이야기한다.

우리는 인생에서 권태감을 느끼는 시절을 이야기할 때면 대부분 권태의 부정적인 부분을 먼저 떠올린다. 하지만 버트런드 러셀은 동전의 양면처럼 부정적이지만은 않은 권태의 긍정적인 측면을 보다 부각시켰다. '행복한 인생이란 대부분 조용한 인생'이라는 그의 말처럼, 삶에서 권태감이 찾아왔다는 것은 자극 없이 지루하기만 한 일상이 이어진다는 의미만은 아니다. 어쩌면 아무런 사고 없이 행복한 삶이 지속됨을 반증하는 것일지도 모른다.

또 다른 철학자 쇼펜하우어는 삶에서 찾아오는 권태를 긍정적으로 승화시키기 위해서는 정신적 풍족이 제일 중요하다 이야기한다. 외부가 아닌 자신 속에서 스스로 쾌락의 샘을 많이

찾아낼수록 인간은 행복해진다는 것이다. 특히 나이 들수록 필연적으로 고갈될 수밖에 없는 외적 요소보다 내적으로 지닌 소유물을 통한 즐거움을 스스로 창조하며 즐기는 것이 무난하게 흘러가는 삶 속에서 행복을 만들어가는 비결이라 말한다.

평범한 것들의 에너지

온갖 화려하고 멋진 음식을 창조하는 요리 전문가들이 꼽은 최고의 인생 음식이 예상외로 평범하다는 사실에 의아했던 마음은 내 인생 최고의 음식을 떠올리고 나서야 모두 이해되었다. 끊임없이 새로운 메뉴를 개발해야 하는 그들에게 새로운 맛, 새로운 재료, 새로운 요리법을 늘 고민하는 것은 일종의 숙명일 것이다. 싫증을 잘 내고 같은 음식에 식상함을 느끼는 소비자의 입맛을 충족시키기 위해 늘 색다른 것을 찾아 헤매는 이들에겐 오히려 항상 그 자리에서 변함없이 평범하고 소박한 모습으로 머물러 있는 맛이 그리울지도 모르겠다. 특별함 속에 늘 그대로 자리 잡고 있는 '보통의 것'이 가진 힘은 우리가 생각한 것보다 훨씬 크다.

반복되는 삶이 싫어 특별한 장소에서 새로운 경험을 하

고 싶어 떠났던 여행에서 돌아온 후, 내 집에 발을 들이며 나도 모르게 "역시 내 집이 최고야"라는 말을 중얼거릴 때. 늘 먹던 것과는 다른 새로운 음식을 찾아 매일 검색을 하면서도 엄마가 차려주는 별다를 것 없는 집밥을 그리워하며 담백한 된장국 한 대접을 끓일 때. 멋진 남녀 주인공의 애절한 사랑을 그린 드라마를 보며 가슴 두근거리다가도 내 옆에 앉아 있는 배 나온 남편에게 몸을 기대며 안온함을 느낄 때 나는 평화를 경험한다. 그 모든 보통의 장소, 보통의 맛, 보통의 사람에 대한 애정과 그리움은 버트런드 러셀이 이야기한 삶을 풍요롭게 하는 권태감에서 비롯한 것이 아닐까.

우리의 평범한 일상에 새로운 에너지를 공급하는 것은 짜릿한 자극이 아니다. 반복되는 일상에서 매일 발견하는 새로운 의미와 활기 있게 창조해내는 소소한 재미들이다. 어쩌다 반복되는 일상에 권태감이 찾아오면 지금 나를 둘러싸고 있는 공간과 일상의 시간이 사고 없이 찬찬히 흘러가는 것이라 생각하며 감사하자. 그리고 그 일상 속에 깃든 빛, 삶을 충만케 하는 조용한 에너지를 느끼며 나를 위한 정말 단순하고 소박한 밥상을 차려 기쁜 마음으로 외쳐야겠다.

"오늘도 잘 먹겠습니다."

밥
과
김
치

1 내 추억 속의 밥과 김치는 반드시 흰쌀로만 지은 고슬고슬한 밥과 잘 익은
  배추김치다. 이걸 가장 맛있게 먹는 방법은 김치는 통째로 꺼내고, 예쁜 그
  릇 대신 밥솥에서 밥을 바로 떠서 걸신들린 듯 먹는 것이다.

레몬 과자, 몰입의 순간

몰입 沒入 flow

영화 〈줄리 앤 줄리아〉는 전설의 요리 연구가였던 줄리아 차일드의 이야기와 그녀의 요리책을 보며 무료한 일상에서 행복을 찾는 요리 블로거 줄리의 이야기다. 영화에서 줄리아의 남편은 친구에게 편지를 쓰며 아내가 요리하는 모습을 이렇게 묘사한다.

'요리할 때 줄리아의 모습은 정말 매혹적이야. 마치 드럼 연주자를 보는 듯해. 오븐을 빠르게 열고 닫고, 순식간에 캐서롤을 휘젓고 한 숟갈 떠선 입으로 가져가 맛보는데, 북 두 개

를 쳐야 할 때를 잘 아는 연주자 같아.'

이 장면에서 줄리아는 요리 스푼 두 개로 캐서롤을 경쾌하게 두드리며 신나는 듯 허밍을 한다. 요리라는 행위에 완벽하게 빠진 그녀의 움직임은 가볍고 자연스럽다. 그 모습을 보면 음악에 맞춰 춤을 추는 무희처럼 부드럽고 경쾌한 기분이 든다.

'생활의 달인'이라는 TV 프로그램이 있다. 한 분야에 오랜 시간 종사한 사람들이 신의 경지에 가까운 기술을 보여주는 방송이다. 어느 위치에서든 정확히 집 현관문 앞에 신문을 던지는 신문 배달의 달인, 남들보다 훨씬 빠르게 일정한 두께로 회를 뜨는 달인, 리듬을 타듯 기계처럼 정확한 움직임으로 순식간에 종이 상자를 접는 달인…. 그 외에도 셀 수 없이 다양한 분야의 달인들이 등장해 나를 놀라게 했다.

그런데 어쩐지 '생활의 달인'을 볼 때마다 나는 영화에서 요리하는 줄리아 차일드의 모습을 오버랩하곤 했다. 분야는 달라도 그들에게는 공통점이 있었다. 자기 일에 완전히 몰입하고 그 순간마저 완벽하게 즐기는 모습이었다. 몰입은 주위의 잡념과 방해물을 차단하고 어느 한곳에 자신의 모든 정신력을 집중하는 일이다. 몰입에 빠진 그들의 행위는 노동을 하는 움직임이 아니라 예술을 만드는 움직임이었다.

삶의 주인이 된 것 같은 순간

심리학자 미하이 칙센트미하이는 완벽히 몰입한 이들의 모습을 최적 경험 또는 플로flow 경험이라 했다. 플로 경험은 명확한 목표를 가지고 즉각적인 피드백을 받는 일에 완전히 집중해 일 자체를 즐겁게 경험함으로써 자아와 시간에 대한 개념이 사라지는 경지에 이르는 것이다. 즉 다른 어떤 것에도 관심이 없을 만큼 자신의 일에 완전히 빠져든 상태를 의미한다. 이를 통해 소외감은 참여로 바뀌고, 즐거움은 지루함을 대체한다. 또한 무력함을 자기 통제로 전환하고 소모적이었던 심리 에너지는 자아를 단단하게 만드는 데 쓰인다. 몰입으로 현재 자신이 살아가는 과정 자체에 의미를 부여하는 것이다.

살면서 한 번쯤은 어느 것에도 지배당하지 않고 스스로를 통제하며 삶의 주인이 된 것 같은 순간을 경험해봤을 것이다. 내가 행동하는 대로 모든 것이 흘러가고, 마음먹은 대로 상황이 통제되는 순간 우리는 행복을 느낀다. 그때의 감정은 오래도록 우리 기억에 남아서 삶의 커다란 터닝 포인트가 되기도 한다. 이렇듯 몰입은 우리의 주의를 오로지 목표만을 위해 자유롭게 사용하는 경험이다. 이때 우리의 심리적 에너지는 대부분 내가 선택한 목표의 성공을 위해 사용하므로 더 강하고 확신에 찬

자아를 형성하도록 돕는다.

그렇다면 몰입을 경험할 때의 느낌은 어떨까. 실제 몰입을 경험한 사람들은 그 순간을 '하늘을 자유롭게 날아가는 느낌', '물 흐르는 것처럼 편안한 느낌'이라 묘사했다. 그들의 묘사를 읽고 있노라면 앞서 언급한 줄리아 차일드나 달인들의 모습과 유사함을 알 수 있다. 그들은 모두 몰입의 순간을 누렸던 것이다.

이토록 향긋한 몰입의 순간이라니

몰입이라는 최적 경험을 이해하노라면 '황홀경'의 상태와 비슷하다는 생각이 든다. 어린 시절 TV에서 바이올리니스트 정경화가 연주하는 모습을 신기하게 바라보았던 기억이 있다. 그는 마치 무언가에 완전히 홀린 표정을 짓고 있었다. 나중에 나이가 좀 더 들고서야 그 모습이 완벽한 몰입이었음을 알게 되었다.

우리는 이러한 순간이 우리가 흔히 경험할 수 없는 예술이나 철학 같은 보다 높은 차원에 한정되어 있을 거라 생각한다. 하지만 완벽한 몰입은 예술이나 영적 분야가 아닌 평범한 순간에도 찾아온다. 고통스럽고 지리한 작업을 막 끝마친 순간 가을바람이 단풍잎을 건드리며 내는 소리를 들을 때처럼 모두에게 찾아들 수 있는 일이다. 나의 경우 과자를 구우며 그 순간을 만났다.

신혼 초부터 시작했던 베이킹은 한동안 시행착오의 연속이었다. 새로운 기술과 생소한 도구, 조리법에 서툴러 과자를 구우면 두 번에 한 번은 망하는 식이었다. 그러다 점차 손에 익기 시작하고 조금씩 재미를 붙인 후부터는 하루에 한두 번씩 매일 오븐을 돌릴 정도로 한창 빠져 지냈다. 가속이 붙으면서는 간단하게 굽는 과자부터 발효의 과정을 거치는 빵, 복잡한 공정이 필요한 케이크까지, 제법 다양한 종류의 빵과 과자를 신이 나서 만들었다.

그중에서도 레몬 과자는 반죽을 만들고 굽는 과정 내내 나를 설레게 했다. 이것 역시 처음부터 완벽하게 만든 것은 아니었다. 오븐에서 꺼내는 타이밍을 놓쳐 지나치게 구운 색이 나기도 했고, 반죽을 충분히 숙성하지 않아 속까지 완벽하게 포근한 질감이 나지 않기도 했다. 하지만 몇 차례의 시도 끝에 조금씩 완벽한 모양과 식감, 그리고 맛과 향을 모두 갖춘 과자와 마주할 수 있게 되었다. 노하우가 생긴 이후부터 나는 마치 오케스트라의 지휘자가 여러 악기를 통솔하는 음악처럼 자연스럽고 즐거운 흐름을 타며 레몬 과자를 만든다. 그때의 나는 어쩌면 줄리아 차일드의 요리하는 모습과 비슷할지도 모르겠다.

먼저 워머에 버터를 넣어 불 위에 올린다. 버터가 바글바글 끓는 소리를 들으며 볼에 달걀과 설탕을 넣고 경쾌하게 섞어준다. 곧바로 가루들을 부어 부드럽게 섞어준 후 제스터로 레몬을 빙빙 돌려가며 껍질을 갈아 넣는다. 이때는 상큼한 시트러스 향이 온 부엌을 감싼다. 마지막으로 진한 향기를 풍기며 데워진 버터를 반죽에 섞고 주걱으로 반죽을 들어 올려 떨어뜨린다. 그러면 마치 보드라운 비단처럼 윤기가 흐르는 반죽이 물결을 치며 볼 위로 쏟아진다. 완성된 반죽은 덮개로 덮어 냉장고에 넣고 숙성시킨다. 그 사이 그릇을 닦고 커피 한 잔의 여유를 즐긴다.

이 모든 과정은 한 치의 오차 없이, 그리고 어떤 잡념도 침범하지 못한 완벽히 몰입한 상태로 진행된다. 여러 가지 일을 동시에 해야 하지만, 한 악장에서 다음 악장으로 자연스레 넘어가는 음악의 흐름처럼 때로는 느리게, 때로는 격정적으로 과정이 하나씩 흘러간다. 덕분에 레몬 과자를 만들 때면 나의 오감을 총동원해 모든 순간을 만끽하는 여유를 누린다. 마치 모든 것이 두 배속으로 돌아가는 세상 속에서 나 혼자 느림보처럼 행동하는 것 같은 기분이다.

냉장고에서 숙성을 마친 반죽은 계량 없이 정확한 양만큼 숟가락으로 퍼서 틀 속에 채워준다. 이제 오븐에 넣은 반죽이 잘 구워질 때까지 남은 10여 분 동안 반죽이 묻은 볼을 뽀득 뽀득 소리가 나도록 닦는다. 그러는 사이 고소한 버터 향과 상큼한 레몬의 향이 절묘하게 섞인 레몬 과자의 향기가 온 집안에 감돈다. 봉긋하게 부풀어 오른 황금색 레몬 과자와 마주하면 무아지경에 빠진 사람처럼 눈을 감고 혼자 행복한 미소를 짓는다.

요리라는 행위에 몰입하는 기쁨

레몬 과자를 만들며 느낀 오케스트라의 지휘자가 된 듯한 황홀함을 독일의 물리학자이자 몇 권의 요리책을 펴낸 마이어 라이프니츠는 이렇게 멋지게 표현했다.

"최고급 식당의 식사를 대규모 콘서트에 비교한다면, 집에서 요리할 때 느끼는 기쁨은 마치 거실에서 현악 4중주를 연주하는 것과 같다."

셰프의 지휘 아래 여러 요리사들이 분업을 통해 완성해낸 멋진 음식과 그것을 차려내는 친절한 종업원. 음식을 음미하는 동안 흐르는 음악과 나직한 조명, 잘 꾸며진 실내. 고급 식당에서 즐기는 식사는 이 모든 것을 함께 즐기는 오케스트라 공연과 같다. 한편 소박하지만 직접 좋아하는 음식을 만드는 행위는

레스토랑 식사에서는 경험할 수 없는 능동적인 카타르시스를 맛보게 한다.

　베이킹을 막 시작했을 때의 나는 전투적이었다. 특히 발효 빵이나 데커레이션 케이크는 복잡하고 예민한 과정을 거쳐야 상상했던 결과물을 얻을 수 있기에 빵과 과자를 굽는 행위를 도전 과제라고 여겼다. 완전히 잘못된 이 생각은 레몬 과자를 만들면서 조금씩 사라졌고 어느 순간 베이킹이라는 과정 자체를 완전히 즐기게 됐다. 단순한 재료에 간단한 공정만 거치면 만들 수 있는 과자가 어떻게 그런 기쁨을 가져다줄 수 있는지 참 신기했다. 어려운 것을 겨우 해냈을 때의 짜릿함과 성취감을 느끼는 것도 아닌데 말이다.

　하지만 눈을 감고도 레몬 과자를 구울 수 있을 만큼 능숙해진 순간부터 모든 과정이 나의 통제 속에서 물결치듯 부드럽게 진행됐다. 마치 합이 잘 맞는 현악 4중주처럼 각각의 과정이 딱 맞아떨어지는 작업 속에서 나는 이유 모를 자유로움을 느꼈다. 수십 번 만든 과자이지만 만들 때마다 기온과 습도에 따라 반죽의 상태와 굽는 시간을 매번 달리할 정도로 예민하고 섬세하게 반응했다. 어느새 나에게 레몬 과자를 굽는다는 것은 매일 반복되는 지극히 평범한 일상에서 새로운 의미를 만들어내는 변주곡처럼 즐거운 일이 되었다.

나를 치유하는 부엌

칙센트미하이는 맛보고 요리하고 음악을 듣는 것과 같이 신체에 내재되어 있는 몰입의 잠재성을 깨닫는 것은 비교적 쉽다고 말한다. 왜냐하면 이러한 행위는 특별한 재능이 없어도, 많은 돈을 소비하지 않아도 되기 때문이다. 또한 높은 차원이 아닌 쉬운 행위이므로 지금껏 간과해온 신체적인 능력 가운데 한두 가지에만 몰입해도 삶의 질을 크게 높일 수 있다고 이야기한다.

맛있는 음식을 먹는 것, 음악을 듣고 춤을 추는 것, 또는 땀을 뻘뻘 흘리며 운동을 하는 것, 책을 읽거나 사색을 하는 것, 심지어는 자신의 직업 활동을 통해서도 몰입이 가능하다. 나의 감탄을 자아냈던 TV 속 달인들은 자신의 일을 어떻게 생각하느냐는 질문에 약속이나 한 듯 같은 대답을 했다. 매일 수백 개의 만두를 빚는 달인, 온종일 쉴 새 없이 종이 상자를 접는 달인, 매일 새벽 신문을 배달하는 달인은 각자의 직업도, 모습도, 살아가는 방식도 달랐지만 그들의 대답은 한결같았다.

"나는 이 일이 너무 재미있다. 그래서 내 일을 정말로 사랑한다."

그들이 이렇게 말할 수 있는 것은 지극히 평범한 반복 노동 속에서도 몰입의 잠재성을 찾아냈기 때문이다. 같은 일이지만 그 과정에서 끊임없이 자기만의 창의적 방법을 고안해내고 과정 자체에 몰두함으로써 즐거움을 만끽했다. 스스로 만든 행복을 누림으로써 그들의 삶의 질은 높아지고 자아는 굳건해졌을 것이다.

평범한 일에서 잠재된 몰입을 경험한 이들의 이야기와 이를 뒷받침하는 칙센트미하이의 이론은 매일 '뭘 해먹지'라는 질문을 달고 사는 주부에게도 긍정적인 희망을 준다. 하루도 빠짐없이 반복되는 일상인 요리에서 매일 최적의 즐거움과 삶의 행복을 느낄 수 있다고 말해주기 때문이다. 그렇다면 매일 아침 조금이나마 설렘을 안고 부엌으로 향할 수 있지 않을까.

일상이 지루하다고 느껴지거나 무언가에 미친 듯이 몰입하고 싶을 때면 나는 곧바로 동네 슈퍼로 달려가 레몬 하나를 사가지고 온다. 아니나 다를까, 레몬을 들고 집으로 향하는 발걸음부터 춤을 추는 무용수처럼 변한다.

레몬 과자

재료   달걀 130g, 설탕 100g, 꿀 30g, 바닐라 오일 약간, 레몬 1개 분량의 레몬 제스트, 박력분 125g, 베이킹파우더 3g, 무염 버터 125g

1 달걀을 그릇에 넣어 믹서로 잘 풀고 설탕과 꿀을 넣고 섞는다.

2 바닐라 오일 약간, 레몬 1개 분량의 레몬 제스트와 미리 체쳐둔 박력분, 베이킹 파우더를 넣고 섞는다.

3 냄비에 무염 버터를 넣고 1분가량 끓여 1~2분 식힌 후에 밀가루 반죽에 나누어 넣으며 섞는다.

4 반죽은 1시간 이상 냉장고에 두고 차갑게 식힌다.

5 과자틀에 반죽을 3분의 2정도 채워 넣고 180℃에서 예열된 오븐에 10분간 굽는다.

힘겨웠던 여름날을 위한 제철 밥상

승화 昇華 sublimation

현재는 과거와 미래를 포함한다.
변화의 비밀은 지금 이 순간을 어떻게 다루
느냐에 달려 있다.
　　—틱낫한

쉼 없이 계속되는 폭염만으로도 힘든 여름이건만, 코로나가 덮친 2020년의 여름은 우리들의 일상에 고통과 우울이라는 바이러스를 전파하고 있었다. 최악의 여름. 적어도 내게는 지난여름이 여태껏 경험했던 중 가장 힘들고 고통스러운 계절이었다. 단순히 코로나 때문만은 아니었다. 예기치 않게 찾아온 여러 가지 건강 문제가 한꺼번에 나를 공격했고, 그 괴롭힘은 고약하게도 오랫동안 이어졌다.

　　풍성한 머리숱과 윤기 나는 머릿결에 자부심이 있던 내게 원형탈모가 찾아온 것이 첫 번째 충격이었다. 정수리에 하얀 두피가 보이는 구멍 하나가 난 것만으로도 충분히 괴로웠는데, 연이어 여러 군데 머리가 빠지는 다발성으로 번지자 충격을 넘어 절망의 수준으로 우울해졌다.

　　두 번째 충격은 예기치 못한 데서 일어났다. 탈모의 원인이 몸의 다른 곳에 이상이 있어서일까 싶어 받아본 건강검진에서 우연히 발견한 결핵이었다. 전혀 자각증상이 없었던 터라 결핵은 나의 예상 리스트에는 존재하지도 않았던 병이었다. 생각지도 못한 '결핵 환자'라는 타이틀을 얻고 나니 왜 내게 이런 혹독한 일들이 연이어 일어나는지 모든 것이 원망스러웠다.

　　건강에 문제가 생기니 자연스레 마음도 함께 아팠다. 어떻게든 어려운 상황을 버텨보려 안간힘을 썼던 에너지는 점차 소진되어 무기력해졌고, 건강에 대한 불안과 우울로 잠도 제대로 이루지 못한 채 부정적인 생각들이 불쑥불쑥 나를 건드렸다. 마음의 우울은 무엇보다 식욕을 먼저 빼앗아간다는 걸 그때 처음 알았다. 가끔 밥을 먹을 때 "모래알 씹는 것 같다"라며 힘들어하던 엄마의 말을 직접 경험해보니 그 말이 얼마나 원초적이며 정확한 표현인지를 알게 되었다. 그랬다, 모든 것의 원흉은 결국 불안함과 우울함이었다.

〔 218 〕

식욕이 급격히 떨어진다는 건 나에겐 큰 문제였다. 오랜 시간 약을 먹으며 병을 치료해야 하는데 그러려면 무엇보다 좋은 음식을 잘 챙겨 먹어야 했다. 우선은 밥 해먹는 것마저 손을 놓게 만든 무기력한 마음을 돌려놓아야 했다. 그냥 좋아서, 너무 재미있어서 누가 시키지 않아도 혼자 사부작거리며 열중했던 요리에 다시금 재미를 붙일 돌파구가 필요했다. 이때 순간 떠오른 것이 제철 재료로 푸짐하게 차려낸 밥상이었다.

한여름, 불 앞에서 요리하며 맛본 카타르시스

결혼한 지 얼마 되지 않았던 무척 더운 여름이었다. 더위나 추위를 굉장히 심하게 타는 운 없는 나는 만사가 귀찮은 날들을 보내고 있었다. 뭐가 됐든 하기 싫다는 성가신 마음에 최고치를 기록한 불쾌지수까지 더해져 누가 살짝 건드리기만 해도 곧바로 폭발하기 직전이었다. 당시의 나는 평소에는 신경도 쓰지 않던 매미의 울음소리에 괜스레 짜증이 나 욕을 내뱉을 정도였다.

하지만 긴 여름날을 매일 힘겹게 버텨나간다는 느낌으로 살 수는 없는 일이었다. 이열치열이란 말을 그다지 좋아하지는 않지만 차라리 불 앞에 서서 땀을 흘리며 제철 재료들로 음

식을 만들어 시원한 선풍기 바람을 쐬며 맛있게 먹는 것도 좋겠다는 생각이 들었다. 내게 있어 여름이란 계절의 유일한 장점은 풍부한 먹거리였으니 말이다.

곧장 슈퍼로 달려가 여름철에 가장 맛있는 오이와 가지, 애호박과 깻잎 등을 장바구니에 가득 담아 집으로 돌아왔다. 불 앞에서 애호박을 달달 볶고 가지를 쪄내다 보니 안 그래도 찜통 같은 더위 속에서 뜨거운 김이 모락모락 오르며 더위와 습기를 더했다. 하나씩 음식을 만드는 동안 숨은 턱 막히고 구슬만 한 땀이 뺨에서 잠시 머뭇거릴 새도 없이 연신 흘러내렸다. 그런데 어쩐 일인지 나도 모르게 노래를 흥얼거리며 음식을 만들고 있었다.

원래 그날의 요리는 불 앞에서 땀을 줄줄 흘리며 극한의 고통으로 나를 몰아세운 뒤, 개운하게 목욕을 하고 나와 완성한 음식을 맛보며 카타르시스를 느끼겠다는 의도에서 시작했다. 그런데 무더위가 내게 던지고 간 불쾌감과 공격성은 요리를 다 끝내기도 전에 즐거움으로 변해 있었다. 나중에는 더워서 죽을 것 같은데 기분이 좋아지는 이 모든 과정이, 신선한 제철 음식을 먹음직스러운 작품으로 거듭나게 해준 예술 활동이라는 생각마저 들었다. 신기한 일이었다.

승화라는 긍정적 방어기제가 작동할 때

그 여름날 내가 요리하며 경험한 기분은 프로이트의 '승화'에 대입할 수 있을 것이다. 프로이트의 이론은 인간은 태어날 때부터 신체적, 성적 쾌감을 원하는 욕구를 타고났다는 데에서 출발한다. 그러다 점차 성장하며 욕구를 있는 그대로 표출하려는 원초아와 그것을 억제하려는 초자아 간의 충돌이 생긴다. 여기서 발생하는 심리적 불안을 해소하려 자신도 모르게 무의식적으로 하는 행동을 '방어기제'라 정의했다.

승화는 다양한 방어기제 중 하나로 억압된 욕구를 가치 있고 바람직한 방식으로 표현함으로써 충족시키는 것을 말한다. 실제로 승화는 다양한 활동으로 표출된다. 성욕이나 고통에 의한 자학적인 욕구를 예술 활동을 통해 해소하거나 공격성을 거친 스포츠로 대체하는 경우가 이에 해당한다. 반 고흐나 베토벤 같은 위대한 예술가들은 가난하고 고통스러운 인생을 역사에 남을 예술작품으로 승화시킨 대표적인 인물이다.

방어기제는 주로 투사나 회피, 억압처럼 소모적이며 부정적인 성질을 가졌다고 알려졌다. 이와 달리 승화는 성숙하고 건전한 유일한 방어기제라고 할 수 있다. 앞서 언급한 고흐나 베토벤처럼 승화에서 탄생한 여러 예술작품은 문화적 가치를 지니기도 하지만 그들의 자아를 보다 성숙하게 만드는 계기로 작용했다.

하지만 승화라는 심리 작용이 위대한 예술가들의 작품에서만 나타나는 것은 아니다. 프로이트는 인간의 욕구를 공격성과 성적 충동이라는 욕구에 국한했지만 인간 내부에는 수많은 욕구가 잠재해 있다. 처절할 만큼 외로워 누군가와 소통하고 싶은 욕구를 피아노를 연주하며 음악과 소통하는 것으로 달래는 사람, 마음에 깊은 상처를 내는 일을 겪고 난 뒤 반복되는 자기학대에 관한 글을 쓰기 시작하면서 자신을 돌아보고 감정을 치유하는 사람, 미래에 대한 불안함으로 잠 못 드는 밤이면 달콤하고 향기로운 잼을 만들며 부정적 감정을 돌파하는 사람. 이렇듯 승화는 우리의 평범한 일상에서 다양한 욕구를 대체하는 보통 사람들의 행위에서도 드러난다.

더위가 가져다준 무기력함과 짜증에 녹아 없어질 것 같던 나는 그 더위를 먹으며 자라난 신선한 재료들의 맛과 향을 음미하며 조금씩 원래의 내 모습을 채워나갔다. 요리라는 지극히 평범한 일상의 과정이 무채색이던 하루를 긍정의 빛으로 색칠해준 것이다. 덕분에 힘겹기만 하던 여름날이 오색으로 반짝반짝 빛나며 풍부해졌다.

다시 차린 제철 밥상

그해 여름의 기억이 떠오르자 꺼져가는 촛불처럼 시들했던 나의 일상에 빛을 던져주었던 그 경험과 다시 한번 마주하고 싶어졌다. 그때와 같은 무더운 여름. 마음과 달리 빠릿하게 움직여주지 않는 힘겨운 몸을 애써 일으켜 여름만이 우리에게 줄 수 있는 제철 재료들을 장바구니 가득 담아왔다. 하나씩 도마 위에 풀어놓고 차근차근 재료 본연의 맛과 향을 고스란히 머금은 음식들로 완성해갔다.

오로지 여름철에만 먹을 수 있는 귀한 고구마순은 부드럽게 삶아 줄기를 감싸고 있는 질긴 섬유질을 하나하나 정성 들여 벗기고 들깻가루를 듬뿍 넣은 구수한 나물로 만들었다. 보랏빛 통통한 가지는 땀을 뻘뻘 흘려가며 뜨거운 김이 모락모락 오르는 찜통 위에서 말랑하게 쪄내 결을 따라 쪽쪽 찢은 후 갖은 양념에 조물조물 무쳐냈다.

쌉싸래한 향기가 매력적인 깻잎은 깨끗하게 씻어 미리 만들어 둔 양념을 한 장씩 켜켜이 발라 입맛 도는 깻잎 김치로 완성했다. 뜨거운 국물 대신 시원한 얼음 동동 띄운 오이냉국은 아삭한 오이의 식감을 맘껏 느끼도록 채 썰어 소금과 식초, 설탕으로 간한 국물에 넣으니, 보기만 해도 청량했다. 마지막으로 또 다른 여름철 재료인 꽈리고추를 매콤하게 재운 돼지고기와 함께 달달 볶아, 먹을 때마다 콧잔등에 땀방울이 송골송골 맺히는 꽈리고추 제육볶음까지 만들었다. 그렇게 근사하고 푸짐한 여름 제철 재료 한 상을 식탁 가득 차려냈다.

완전한 한 상을 차리는 과정은 수월하지 않았다. 지금이 가장 맛있는 제철 재료를 잘 손질해 가장 먹기 좋은 식감으로 완성해내기 위해선 그만큼의 노력과 정성이 들어가야 한다. 작업은 손이 많이 가고, 시간은 오래 걸렸으며, 들인 정성에 비해 양은 허무할 만큼 적었다.

하지만 고구마순 껍질을 죽죽 벗기고 가지를 쪽쪽 찢으면, 숨 막히는 더위에 질려 움직이기 싫고 그저 웅크린 채 가만히 있고만 싶었던 나의 어두운 마음에 시원한 길이 트이는 것처럼 느껴졌다. 향긋한 깻잎에 한 장씩 일일이 양념을 바를 때는 건조하고 무채색으로 내려앉았던 나의 마음을 색깔 붓으로 칠하는 듯했고, 간이 잘 배어들도록 꽈리고추를 포크로 찍어 구멍을 낼 때는 무더위와 현재 상황에 대한 짜증과 불안함으로 어디에든 풀고 싶었던 공격적인 스트레스가 경쾌한 즐거움으로 대체 되었다.

그런 과정 끝에 식탁 가득 알록달록한 색감의 여름 밥상이 펼쳐졌다. 마치 부정적인 생각과 현실에서 도피하고픈 욕구를 요리라는 행위로 풀어낸 대가로 얻은 예술작품 같았다. 요리를 끝낸 내가 느낀 감정은 멋진 결과물에 대한 성취감도 아니요, 더위를 이겨내며 만든 것에 대한 카타르시스도 아니었다. 그저 내 안의 부정을 긍정으로 승화시킨 행위와 과정의 즐거움이 전부였다. 그리고 맺힌 것 하나 없이 순도 높은 미소를 얼굴 가득 머금을 수 있었다.

그때의 깨달음은 단순히 요리를 통해 삶의 고통을 아름답게 승화시킬 수 있다는 것만은 아니었다. 인간의 삶은 언제나 고통이 수반될 수밖에 없으며, 고통을 파괴적인 행위로 풀어버리려는 욕구와 그것을 억압하는 욕구 사이에서 늘 갈등하며 아파한다. 하지만 무언가에 심취함으로써 그러한 갈등을 멋지게 해소할 수 있는 출구는 어디든 존재한다. 우리에겐 그것을 찾아 행동할 수 있는 지혜와 힘이 있다는 깨달음을 얻었다.

생애 최악의 여름을 보내며 처음 경험하는 고통 속에서 이것을 참고 견뎌야 하는지, 아니면 있는 그대로 아픔을 내보여야 하는지. 그 방법도 모른 채 잠 못 이루며 힘겨워하던 내게 스스로 잘 차려낸 밥상은 깊은 깨달음과 함께 한 번 더 영글어 갈 기회를 주었다. 그리고 더 깊어진 내면을 든든한 무기 삼아 또 한 걸음 앞으로 내딛었다.

삶이라는 잘 차린 한 상을 맛보며

잘 차린 여름 밥상을 바라보다 문득 이자크 디네센의 소설《바베트의 만찬》이 떠올랐다. 과거 유명한 요리사였던 바베트는 프랑스 혁명으로 사랑하는 이와 자신의 모든 것을 잃고 도망친다. 그런 그를 받아준 것은 바닷가 작은 마을에서 목사인 아버지와 함께 사는 마티나와 필리파 자매였다.

그러던 어느 날 바베트는 1만 프랑의 복권에 당첨된다. 그는 자신을 거두고 보살펴준 자매를 위해 제대로 된 프랑스 음식 한 끼를 대접하기로 한다. 송로버섯, 캐비어, 메추리 등 평생 구경조차 못 한 귀한 재료에 고급 와인을 곁들여 완벽한 프랑스식 만찬을 차려낸다. 바베트는 모든 정성을 쏟아부어 예술작품 같은 음식을 만들어내면서 한때 고통뿐이었던 삶을 기쁨으로 승화시킨다. 그의 음식을 먹은 자매는 과거의 꿈을 접고 평생 금욕적으로 생활한 것이 자기 스스로의 선택으로 이루어낸 기쁜 삶임을 깨닫는다. 그렇게 만찬에 참석한 모든 사람들은 놀라운 축복과 사랑을 경험한다.

바베트의 만찬은 우리 모두에게도 저마다 주어진 삶이라는 만찬이 펼쳐져 있음을 보여준다. 하지만 안타깝게도 우리의 만찬은 바베트의 요리와는 다르다. 맛있는 음식 사이에는 아무런 맛도 나지 않는 밍밍한 음식도 있고, 너무 질겨서 씹기 힘든 음식도 있을 것이다. 그럴 때면 양념을 더해 감칠맛을 더하고, 오랜 시간 푹 끓여 부드럽고 풍성한 맛을 끌어올리듯 우리의 일상에도 새로운 생각과 행동을 더해 멋진 삶이라는 만찬으로 승화시키면 된다. 그것이 생의 모든 순간을 사랑하기 위한 우리의 몫이 아닐까.

오이냉국

1 오이는 채를 썬 후 간장과 설탕에 무쳐 재워놓는다. 이렇게 미리 오이를 재워놓으면 육수와 오이가 따로 놀지 않고 훨씬 더 진하고 맛있는 냉국을 먹을 수 있다.

2 차가운 물에 다진 마늘을 넣고 소금과 약간의 간장 그리고 식초, 설탕을 넣고 녹을 때까지 저어 밑국물을 만든다. 좀 더 깨끗한 밑국물 만들고 싶으면 다진 마늘을 그대로 넣지 않고 면보에 다진 마늘을 넣어 물에서 조물거려 마늘의 향만 우려내도 된다.

3 냉국물에 미리 재워두었던 오이를 넣고, 송송 썬 홍고추나 통깨 등을 넣어 완성한다. 더욱 시원하게 먹고 싶으면 먹기 직전에 얼음을 동동 띄운다.

삶은 달걀, 너처럼 되고 싶다

자기실현　自己實現　self-realization

> 모든 사람에게 있어서 진실한 직분이란
> 다만 한 가지였다. 즉 자신에게로 가는 것.
> —헤르만 헤세

세상에 존재하는 모든 음식 중 그 자체로 가장 완벽한 것을 하나 꼽으라면 무엇을 골라야 할까. 나는 잘 삶은 달걀을 뽑을 것이다. 어릴 적 식품과 영양소에 관한 수업시간에 달걀을 '완전식품'이라고 배웠던 기억이 난다. 탁구공만 한 크기의 작은 달걀 한 알에 철분과 엽산, 비타민, 단백질 등 다양한 영양소가 고루 들어있으니 완전식품이라 불리는 이유가 있었다.

　　달걀 한 알을 가지고 가장 흔하게 먹는 방법은 기름 두른 팬에 굽는 달걀 프라이가 있지만, 나는 기름 한 방울도 섞이지 않고 오로지 달걀만으로 조리해 동글동글한 모양 그대로를 유지하는 삶은 달걀을 좋아한다. 그 자체로 영양소 덩어리이기도 하지만 순수한 달걀 하나가 어엿한 요리가 될 수 있다는 것 또한 달걀이 완전식품일 수밖에 없는 이유이기도 하다.

삶은 달걀 중에서도 말랑한 노른자의 질감이 살아있는 달걀 반숙은 내가 가장 사랑하는 음식 중 하나다. 껍질을 까면 탱글탱글한 질감의 매끈함이 군침을 자극하고 반을 가르면 흐를 듯 말 듯 주홍빛에 가까운 노른자가 나를 맞이한다. 윤기가 흐르는 반숙 노른자는 입에 넣고 오물거려도 목이 메지 않고 부드럽게 식도를 타고 내려간다. 그 질감과 식감, 아무 맛이 없는 듯하면서도 은은하게 고소한 맛이 좋아서 삶은 달걀을 먹을 때는 소금도 찍지 않고 오로지 달걀의 맛만을 음미하며 먹곤 한다.

달걀의 매력은 여기서 그치지 않는다. 완전한 달걀의 맛은 다른 재료를 만나면 몇 배의 맛과 매력을 터트린다. 달걀이 주인공일 때는 오롯이 집중해서 맛과 식감을 느낄 수 있다면, 조연이나 엑스트라로서의 달걀은 언제 어디서든 모든 음식과의 케미를 자랑하며 맛의 깊고 풍부함이 무엇인지를 알려준다. 김밥 속 달걀지단, 수제 햄버거 사이의 반숙 달걀 프라이, 비빔밥

한가운데를 차지하는 달걀노른자까지…. 어느 음식이든 확실히 제 존재감을 드러내니 이토록 완벽히 제 역할을 하는 음식이 또 있을까.

완전히 기능하는 사람에 가까워지기 위해

잘 삶은 반숙 달걀을 보고 있으면 때때로 '이런 사람이 되고 싶다'라는 생각을 한다. 어느 한 곳 각지지 않고 둥글둥글하고 유연한 외면에 말랑하고 부드러운 감촉과 좋은 양분으로 무장한 알찬 내면. 그 자체만으로도 충분한 음식이 되건만 다양한 모습으로 변신할 수 있는 융통성과 창의성까지. 마치 그 모습은 심리학자 에이브러햄 매슬로와 칼 로저스가 말한 '자기실현'에 도달한 사람 같다.

자기실현은 인본주의 심리학에서 가장 중요하게 다루는 개념 중 하나다. 인본주의는 각 개인에게는 자신의 잠재 능력과 가능성을 높이려는 자아실현의 욕구가 있다고 본다. 따라서 인간은 삶이 고통으로 채워져 있어도 자유의지를 사용해 어려움을 견디고 이겨내며, 행복을 추구할 수 있다. 매슬로는 여러 욕구를 단계화한 '욕구 위계론'에서 자기실현의 욕구를 가장 상위에 두었으며, 로저스는 인간은 선천적으로 자기실현에 도달하려는 경향성을 가지고 태어났다고 이야기한다. 즉 자기실현은 모든 이가 가진 욕구 중 가장 차원 높은 것이며, 각자 삶의 방식은 달라도 모두가 공통되게 바라는 완성된 인간의 모습이라 할 수 있다.

매슬로는 자기실현을 이룬 사람들의 특징을 이야기했다. 대부분의 사람들은 사회가 원하는 모습에 자기 자신을 끼워 맞추고는 그것이 자신의 실제 모습이라고 착각하며 산다. 반면 자기실현자들은 특정한 프레임을 가지고 있지 않다. 따라서 나와 타인 그리고 이 세상에 존재하는 어떤 것이든 틀에 맞춘 시각이 아닌 있는 그대로의 모습으로 보고 받아들인다. 즉 사회나 다른 사람들이 기대하는 것에 나를 맞추기보다 자신의 진심을 따라 사는 것이다. 그러므로 타인의 모습이 보편성에서 빗나간 독특함을 지니고 있어도 그 자체를 인정하고 존중한다.

또한 결핍된 것을 채움으로써 행복을 느끼기보다 보통의 경험을 언제나 새롭고 순수하게 받아들인다. 그렇기에 일상적이고 평범한 날도 모든 순간을 즐거움과 경이로 가득 찬 시간으로 즐길 수 있다. 평소와 다를 것 없이 쳇바퀴처럼 흘러가는 하루 일과에서 아주 작은 일부분이라도 다른 게 있다면 새로운 의미를 부여하고 여기에서 삶의 행복을 발견한다. 어제보다 조금 늦게 떠오른 해를 보고 계절의 변화를 읽고, 비가 온 뒤에 퍼지는 흙냄새를 만끽하고, 꽃이 피고 지고 잎이 돋아나고 떨어지는 모습을 허투루 넘기지 않는다. 매일 같은 시간이라도 미세하게 변화하는 일상의 루틴에서 삶의 융통성을 찾고 즐거워할 줄 안다.

경직되지 않은 부드러운 사고와 보편성을 따르지 않는 자신만의 독창적인 태도를 갖추었다는 것은 곧 자기 본연의 모습에서도 당위적이지 않다는 의미다. 이는 새로운 것, 나와 다른 생각과 행동을 받아들일 수 있는 겸손과도 맞닿아 있다. 그래서 자기실현을 이룬 사람들은 방어적이거나 위선적이지 않으며, 자신을 돋보이려는 허세나 체면도 없다. 이런 모습 때문에 늘 빛이 난다.

자기실현자들의 또 다른 특징은 통합된 시각으로 바라보는 것이다. 나다운 사람일수록 모든 것과 쉽게 융화한다. 창조자는 자신의 작품과 하나가 되고, 어머니는 자식과 일체가 되며, 감상자는 음악이나 그림 그 자체가 되고, 천문학자는 별과 함께 존재하는 것처럼 말이다. 그렇게 자기중심에서 벗어나 자기실현에 도달한다.

또 다른 인본주의 심리학자 칼 로저스는 인간은 누구나 더 나아지고 싶고, 잠재력을 발휘하려는 성향을 가졌다고 말한다. 이것을 나다움으로 나타냈을 때 자기실현에 다다른다는 것이다. 또한 자신의 타고난 모습만으로 타인과 세상의 존중을 받는다면 자기실현은 선택받은 사람만이 아닌 누구나 이뤄낼 수 있는 모습이라고 설명했다.

우리가 나 자신과 타인을 평가하는 기준은 무엇일까? 높은 연봉, 좋은 직업, 사회적 명성, 외모, 재산 등이 대표적이다. 자신도 모르는 사이 누군가를 존중하고 받아들임에 있어 사회가 만든 고정관념과 물질적 잣대를 조건으로 내세운 것이다. 로저스는 이런 조건은 자기실현의 기준이 될 수 없다고 말한다. 그보다는 모두가 가지고 태어난 '나다움'을 무조건적으로 존중하라고 말한다. 그래야 이 세상에 존재하는 모든 이들이 각자의 모습으로 자기실현을 할 수 있다.

결국 매슬로와 로저스가 이야기하는 자기실현은 본연의 모습을 순수하게 간직하며, 그 자체로 충분한 사람이라 할 수 있다. 다른 사람의 시선으로부터 자유롭고 이 세상이 세워놓은 기준과 속박에서 벗어난 사람은 얼마나 멋지고 행복할까. 고유하되 배타적이지 않으며, 자신감 있되 겸손하며, 존중함으로써 존중받는 사람. 그 모든 양면성에서 초월한 존재 자체로 '완전히 기능하는 사람'은 언젠가는 꼭 도달하고 싶은 나의 모습이기도 하다.

여전히 매 순간 흔들리고 혼란스럽지만

《논어》에서 공자는 40대를 일컬어 '마흔 살이 되니 세상일에 미혹되지 않았다'라고 하여, 불혹不惑이라 했다. 아직 그 나이만큼 차오르지 않았을 무렵에는 나도 마흔이 되면 자연스레 모든 일에 현혹되지 않는 내공이 쌓일 줄 알았다. 하지만 막상 마흔이 되고 깨달은 것은 하나였다. 공자였기에 마흔에 불혹의 경지에 이를 수 있었다는 사실. 성인인 공자와는 너무도 거리가 먼, 지극히 평범한 나의 40대는 매 순간 흔들렸고 매 순간 혼란스러웠다.

마흔을 막 넘겼을 무렵, 아이가 초등학교에 입학했다. 학부모가 되고 나니 아이의 또래 친구 엄마들과 보내는 시간도 자연스레 늘어났다. 그들은 늘 어느 아파트에 사는지를 먼저 묻고 다른 아이의 부모가 어떤 일을 하는지 궁금해했다. 상대를 사회적 기준에 따라 판단하는 분위기에 휩쓸리면서 '나도 여기에 편승해야 하는 걸까?'라며 스스로에게 반문하기도 했다. 그들과 함께 어울릴 때면 나도 모르게 애써 포장한 말을 했고, 훈육이라는 구실로 그들이 말하는 전형적인 부모의 모습대로 행동하기도 했다. 하지만 시간이 지날수록 나답지 않은 모습에 불편함을 느꼈다.

어디 그뿐인가. 불혹의 나이가 되면 모든 일을 내 의지에 따라 통제하고 예기치 못한 일이 일어나도 흔연히 받아들일수 있을 줄 알았다. 아니, 정확히 말하자면 그 정도의 연륜이 쌓이면 그래야 한다고 생각했다. 그런데 왜 모든 것이 나의 예상과 정반대로 흘러가는 것인지. 살면서 내게 절대 일어나지 않을 것만 같았던 일들이 여봐란듯이 불쑥불쑥 불청객처럼 찾아오며나를 괴롭혔다. 나는 그런 일을 겪을 때마다 갈팡질팡하며 허둥거렸고, 상처받고, 때로는 타인에게 상처를 주기도 했다. 그러고는 허공을 응시하며 혼자 중얼거렸다.

"나는 언제쯤이면 이 모든 것을 초탈할 수 있을까."

그러다 문득 깨달았다. 생각지 못한 일을 겪고 나니 별일 없이 무탈하게 반복되는 평범하고 고요한 일상에 무한히 감사하고 있다는 것을. 아무도 알아주지 않아도 괜찮고 행복한 그일상에 파묻혀 한껏 즐기고 있는 모습이야말로 완전히 고유한'나다움'이 아닐까 하고 말이다.

초탈의 순간은 어느 날 갑자기 계시처럼 찾아오는 것이아니다. '내게는 일어나지 않을 일'이라 선을 긋고, '나와는 어울리지 않는 사람 또는 삶'이라 거부하던 모든 것들과 마주보고그것을 받아들이는 가운데 서서히 나에게 스며드는 것이었다.

흔들리는 이 순간도 내 삶의 일부

살면서 생각지 못하게 찾아온 일들은 나를 좌절하게 만들기보다 자기실현을 향한 원동력이 되어주었다. 그런 가운데 비일상적이라고 생각했던 사건사고 또한 나의 삶 전체를 관통하는 일상과 다르지 않음을 알게 됐다. 일상과 비일상의 경계가 사라지니 모든 것을 양분화 하던 극단의 논리도 서서히 흐려졌다. 이는 '적당히 타협하는 것'이 아니라 '나의 의식과 무의식을 통합하는 것'이었다.

아직 인생의 절반가량밖에 살지 않은 나는 여전히 예상치 못한 일들과 마주하고 갈팡질팡한다. 그리고 아직도 나와 남들이 세워놓은 잣대로 세상일을 규정하고, 나를 끼워 맞추기도 한다. 하지만 이리저리 헤매는 중에도 '이것도 내 삶의 일부에 지나지 않는다'라는 생각을 할 수 있게 되었다. 마냥 불안해하기만 했던 과거와 달리 마음을 차분히 가라앉히고 숨을 고를 조금의 여유가 생긴 것이다. 그러면서 한 번쯤은 남의 기준을 따르기보다 있는 그대로의 나를 믿고 결정하자는 기특한 생각도 한다.

나는 지금도 변함없이 내가 가장 좋아하는 음식 중 하나인 삶은 달걀을 한 알씩 먹는다. 예쁘게 삶은 말랑하고 부드러운 반숙을 오물거리며 생각한다. 내가 완숙이 아닌 반숙을 좋아하는 건 어쩌면 완전하게 살아있는 완생보다 삶이 끝날 때까지 부족한 모습으로 완전함을 향해 달려가는 미생이기 때문이 아닐까 하고 말이다. '삶'보다 '살고 있다'는 과정에 더 많은 의미를 부여하는 인생을 선택한, 완생을 꿈꾸는 미생의 이야기를 쓰고 있는 것이다.

인간에게 완전히 기능한다는 것은 누구나 바라는 완벽한 수준에 다다르는 것이 아니라 그 모습을 향해 달려가는 모든 과정이 아닐까 생각한다. 아직은 부족하다는 것을 받아들이고 빈 공간을 조금씩 채우는 삶 속에서 나도 모르는 사이에 쌓이는 지혜와 혜안이 우리를 자기실현이라는 곳으로 데려다 줄 것 같다.

모난 곳 없이 둥근 모습과 고유한 맛을 지닌, 그 자체로 완전한 달걀. 그러면서도 다른 재료와 조화롭게 어울리고 언제든 달걀이라는 고유함은 잃지 않는 단단한 모습에 늘 감탄하며 혼잣말로 중얼거린다. 너처럼 되고 싶다.

삶은 달걀

1 달걀을 냄비에 넣고, 달걀이 잠길 만큼 물을 부어 약간의 소금을 넣고 중불에 얹고 삶는다.

2 흔히들 반숙은 7~8분, 완숙은 12분가량 삶으면 된다고 하지만 물의 양과 냄비의 크기, 그리고 삶는 달걀의 개수에 따라 익는 시간이 달라진다.

3 내 경우 한 번 삶을 때 10개씩 삶고, 10개의 달걀이 딱 들어가는 크기의 열 전도가 빠른 알루미늄 재질의 냄비를 사용한다. 이런 경우 반숙으로 삶기 위해 11분 40초의 시간을 들인다. 공식보다 여러 번 반복해 가면서 감을 익히는 것이 더 중요하다.

나를 치유하는 부엌

글과 사진 | 고명한

초판 1쇄 발행 | 2021년 6월 14일

이 도서는 한국출판문화산업진흥원의 '2021년 우수
출판콘텐츠 제작 지원' 사업 선정작입니다.

펴낸이 | 이한나

교정교열 | 정지수

디자인 | 여만엽

펴낸곳 | 세이지(世利知)

등록 | 2016년 5월 16일 2016-000022호

주소 | 경기도 군포시 용호2로 54번길11, 504호

대표전화 | 070-8115-3208

팩스 | 0303-3442-3208

메일 | booksage@naver.com

ISBN | 979-11-89797-09-6 03180

생활의 미학

비우며 발견하는 행복, 나와 친해지는 시간

지은이 고명한 | 에세이 | 값 13,500원

"삶의 본질은 밖이 아닌, 단순하고 반복적인 일상 안에서 찾는 것입니다"

키친타올 대신 안 입는 옷과 천을 잘라 쓰고, 장을 볼 때는 장바구니와 육류 보관통을 준비해 랩과 비닐 사용을 줄인다. 갖추지 않고도 풍요로운 삶을 살 수 있는 방법을 제안하고, 덜어냄으로써 다 갖추게 된 소박한 일상 속으로 우리를 초대한다.

어느날 중년이라는 청구서가 날아왔다

나를 흔드는 세상, 자존을 지키며 사는 법

지은이 고명한 | 에세이 | 값 13,000원

"욕망에 압도당해 풍요로움에 질식해갔고, 삶보다 부를 사랑했다"

대학에서 심리학을 가르치는 저자가 중년에 경험한 상실과 변이의 과정을 털어놓고 스스로 극복해낸 삶의 과정과 생활 철학을 전한다. 미약한 나의 자아를 덧칠하기 위한 소유의 덫에서 벗어나 작은 평수의 집에서, 필요 없는 물건을 선택하지 않을 지혜를 발휘하며 사계절 26벌의 옷만으로 '가난할 줄 아는' 삶을 전한다.

나이 들면 즐거운 일이 없을 줄 알았습니다

단단하고 행복해지는 중년, 삶의 새로운 속도와 리듬

지은이 전윤정 | 에세이 | 값 14,000원

"나이 드는 몸 이야기 말고 나를 행복하게 해주는 방법이 이렇게 많았다니"

나이 먹으면 친구를 사귀지 못할 줄 알았고, 나이 먹으면 즐거운 일이 없을 줄 알았다. 하지만 삶은 예상치 못한 곳에 선물을 숨겨놓았다는 것을 알게 되었다. 여성·사회학적 관점을 바탕으로 변해가는 중년의 몸과 출렁이는 마음을 진단하고, 나다운 삶을 살아갈 지혜와 방법을 재치 있고 유머러스하게 전한다.

잡지의 사생활

미감과 호기심, 대화와 물건으로 이루어진 매체를 서울에서 만드는 일에 대하여

지은이 박찬용 | 에세이 | 값 14,000원

"책보다 빠르고 신문보다 깊은 매체를 만드는 창의적 노동에 관하여"

욕망을 자극하는 화보부터 속 깊은 인터뷰, 차가운 칼럼까지, 월간 〈에스콰이어〉 피처 에디터였고 현재 매거진 〈B〉 에디터인 박찬용이 잡지를 만든 경험과 고민, 매체 안팎에 얽힌 궁금증, 잡지 에디터의 삶에 대해 이야기한다.

내 통장 사용설명서

**통장 7개로 시작하는
세상에서 제일 쉬운 재테크**

지은이 이천 | 경제경영 · 재테크 | 값 14,000원

"어렵고 복잡한 재테크, 통장으로 시작하면 쉽습니다"

자산의 뼈대를 세우는 월급통장, 예금·적금 통장부터 집을 마련하고 노후를
준비하고 위험을 대비하는 청약, 보험, 연금까지, 상품의 기본 지식부터
일반인들은 모르는 전략적 활용법을 담은 재테크를 시작하는 사람을 위한
눈높이 맞춤 지도서.

3인 가족 재테크 수업

부부와 외동아이, 돈에서 자유로워지는

지은이 이천 | 경제경영 · 재테크 | 값 14,500원

"아이는 하나인데 왜 돈은 더 많이 쓸까요?"

아이가 하나라 가족끼리 결속력도 크지만 리스크도 안고 있는 3인 가족.
대한민국 1세대 재무설계 전문가가 100여 케이스가 넘는 3인 가족과의 상담을
바탕으로 가족의 행복을 만들어갈 재무 설계 방법을 전한다.

내 청약통장 사용설명서

**청약통장은 있는데 청약은 모르는
3040 무주택자를 위한 내 집 마련의 기본**

지은이 눈을떠요 | 경제경영 · 재테크 | 값 14,600원

"청약통장, 언제까지 묵혀둘 건가요?"

내 집 마련을 고민하는 3040에게 최근 업데이트된 부동산 정책을 바탕으로
부동산의 기본 개념 정립부터 개인별 맞춤 청약 실전 전략까지 알려주는 친절한
내 집 마련 입문서.

나는 코스피로 돈 벌어 해외주식 산다

주식 사는 습관으로 경제적 자유 얻는 법

지은이 마준원 | 경제경영 · 재테크 | 값 14,000원

"한국주식부터 해외주식까지, 장기적 수익 내는 주식투자 길라잡이"

적은 돈으로 주식을 시작해 코스피와 미국, 중국, 베트남 주식시장에 투자해
안정적인 수익을 낼 수 있는 쉽고 안전한 투자 방법을 알려준다. 서울과
경기도에서 주식투자 스터디와 강의를 하며 많은 이들을 주식의 세계로 안내한
저자의 왕초보 주식투자 가이드.

탐나는 프리미엄 마케팅

비싸고 더 잘 팔리는 브랜드의 경험 설계 전략

지은이 최연미 | 경제경영 · 재테크 | 값 14,500원

"우리가 마케팅하면 시장 규칙이 바뀐다, 돈을 쏟아붓지 않아도"

세계 도처에서 고객들을 줄세우는 정교한 프리미엄 마케팅 전략을 밝힌다.
기존에 없던 방식으로 새로운 시장을 발빠르게 개척하는 글로벌 브랜드의
마케팅 설계도와 수많은 프리미엄 브랜드의 성공 공통분모를 찾아 이 책에서
풀어낸다.

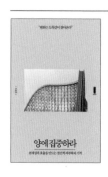

양에 집중하라

천재성과 효율을 만드는 점진적 과부하의 기적

지은이 박용환 | 인문 | 값 14,000원

"천재성과 효율을 만드는 점진적 과부하의 기적"

효율·비효율의 좁은 시야에서 벗어나 역사적, 사회적 패러다임 시프트를 일으킨
'평범한 사람들'의 생을 조명하고, 실패자 또는 퇴물에서 천재가 된 이들의
숨은 과정을 통해 효율성만 추구하는 현 세태에 우직한 한 걸음이 세상을 바꾼
방법론을 밝힌다.